世界のなかの日本の歴史

一冊でわかる平安時代

【監修】大石 学

河出書房新社

はじめに

本書は、8世紀末から12世紀末までの約400年の間、平安京を都として展開された政治・経済・社会・文化などを、ひとくくりに「平安時代」として見ています。この平安時代は日本史における時代区分でいうと、265年続いた江戸時代を大きく引き離し、日本史上最長の時代です。

「平安」という名称や、長期にわたって続いたことなどにより、平安時代は穏《おだ》やかな時代、〝平和〟な時代とイメージされがちです。しかし、その実態は大きく違います。政治の中枢では、8世紀末の奈良時代まで国政を主導してきた勢力が入れかわったのちも氏族間や同族間での権力闘争がくり広げられました。

さらに初期には、いまだ朝廷の勢力下になかった現在の東北地方において大規模な制圧戦争が行われました。そして後期になると、国内で多発する反乱に対処すべく、都と地方の両方で新興の武士団が形成され、徐々に力をつけていきます。それが12世紀末期から19世紀後半の江戸時代まで続く、武家政権の起源となるのです。

他方、平安時代は貴族を中心に文化が大きく花開いた時代でもありました。清少納言が著した『枕草子《まくらのそうし》』、紫式部が著した『源氏物語』などは日本を代表する文学作品に数えられ、現代を生きる私たちも共感できる要素がつまっています。それだけでなく、当時の文章は漢文で書かれていましたが、さまざまな文学作品が生まれたことによって、日本固有のかな文字（ひらがなとカタカナ）が貴族以外にも広く浸透し、私たちが日常的に使うようになっていったのです。

これらのことから平安時代は、日本史の時代区分のなかでも、戦国時代（室町時代後期）や幕末（江戸時代末期）とは異なる魅力《みりょく》あふれる時代といえるでしょう。本書により、読者のみなさまが古代から中世への400年にもわたる、〝静〟と〝動〟をあわせ持ち、数々の歴史的な転換が生じた時代を追体験していただければ幸いです。

監修　大石学《おおいしまなぶ》

目次

第二章 天皇の親政

第三章 藤原氏の栄華

目次

第六章 朝廷と武家政権

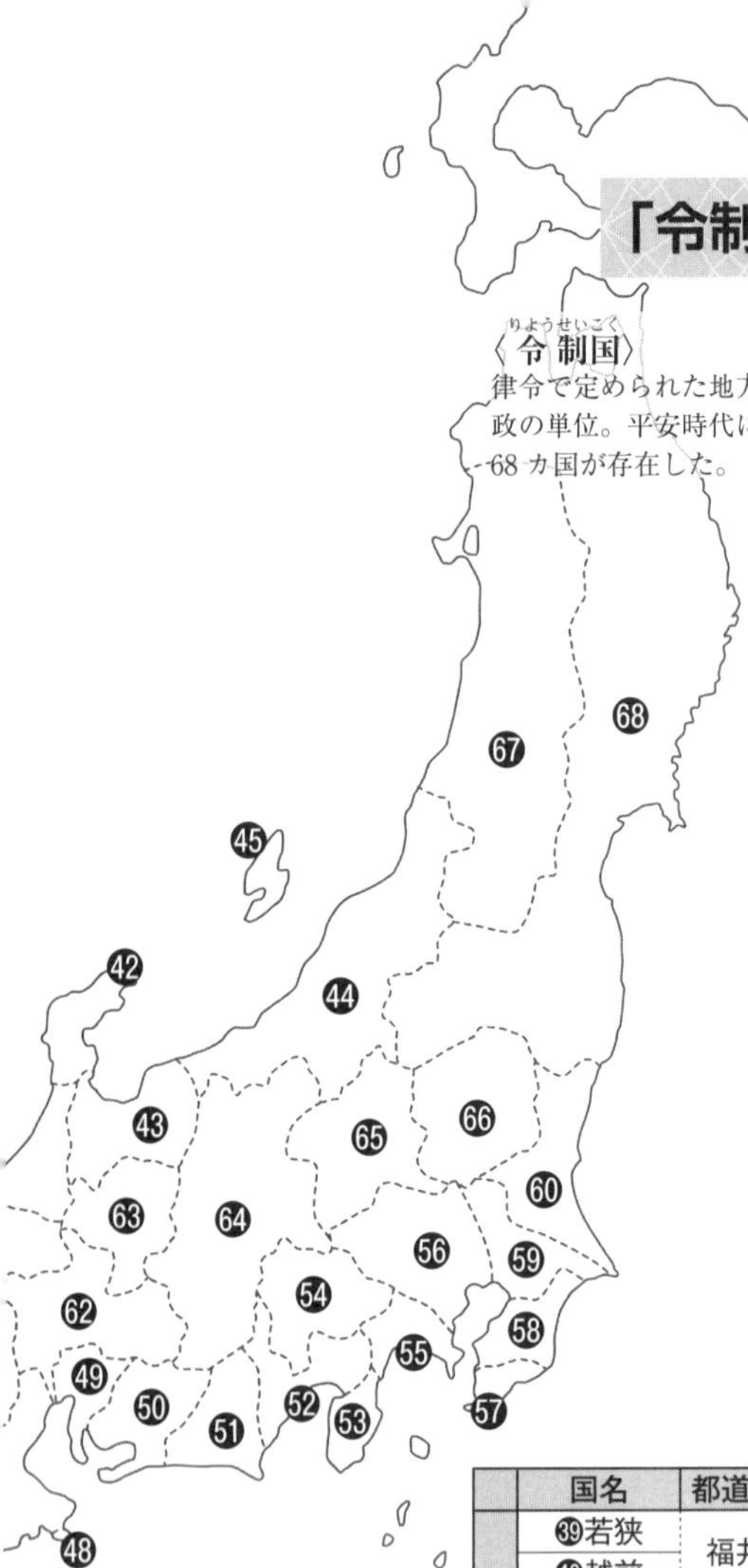

「令制国」と「五畿七道」

〈令制国《りょうせいこく》〉
律令で定められた地方行政の単位。平安時代には68カ国が存在した。

〈五畿七道《ごきしちどう》〉
律令で定められた行政区画。畿内の5カ国（五畿）と、七つの道（七道）が存在した。

	国名	都道府県
北陸道	㊴若狭	福井県
	㊵越前	
	㊶加賀	石川県
	㊷能登	
	㊸越中	富山県
	㊹越後	新潟県
	㊺佐渡	

	国名	都道府県
東海道	㊻伊賀	三重県
	㊼伊勢	
	㊽志摩	
	㊾尾張	愛知県
	㊿三河	
	51遠江	静岡県
	52駿河	
	53伊豆	
	54甲斐	山梨県
	55相模	神奈川県
	56武蔵	
		埼玉県
		東京都
	57安房	千葉県
	58上総	
	59下総	
	60常陸	茨城県
東山道	61近江	滋賀県
	62美濃	岐阜県
	63飛騨	
	64信濃	長野県
	65上野	群馬県
	66下野	栃木県
	67出羽	秋田県
		山形県
	68陸奥	青森県
		岩手県
		宮城県
		福島県

	国名	都道府県
畿内	❶山城	京都府
	❷大和	奈良県
	❸河内	大阪府
	❹和泉	
	❺摂津	
		兵庫県
山陰道	❻丹波	京都府
		兵庫県
	❼丹後	京都府
	❽但馬	兵庫県
	❾因幡	鳥取県
	❿伯耆	
	⓫出雲	島根県
	⓬石見	
	⓭隠岐	
山陽道	⓮播磨	兵庫県
	⓯美作	岡山県
	⓰備前	
	⓱備中	
	⓲備後	広島県
	⓳安芸	
	⓴周防	山口県
	㉑長門	

	国名	都道府県
南海道	㉒紀伊	和歌山県
		三重県
	㉓淡路	兵庫県
	㉔阿波	徳島県
	㉕讃岐	香川県
	㉖伊予	愛媛県
	㉗土佐	高知県
西海道	㉘筑前	福岡県
	㉙筑後	
	㉚豊前	
		大分県
	㉛豊後	
	㉜肥前	佐賀県
		長崎県
	㉝肥後	熊本県
	㉞日向	宮崎県
	㉟薩摩	鹿児島県
	㊱大隅	
	㊲壱岐	長崎県
	㊳対馬	

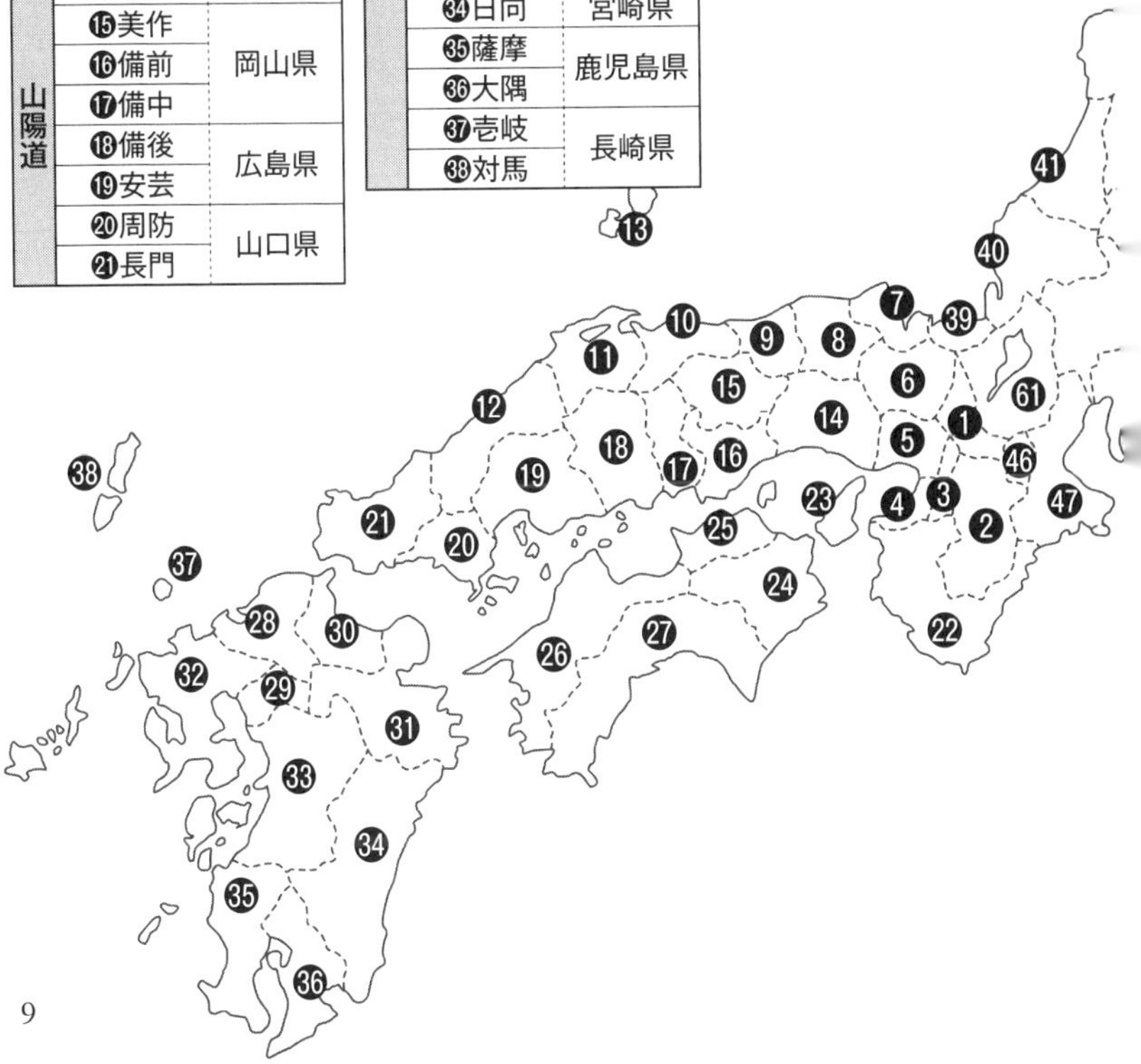

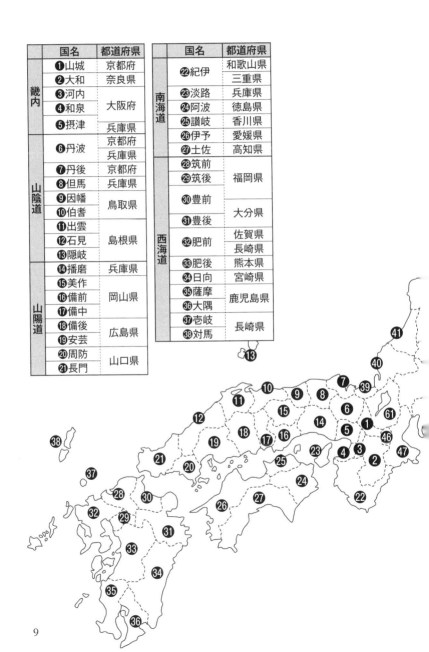

主要人物の生没年表

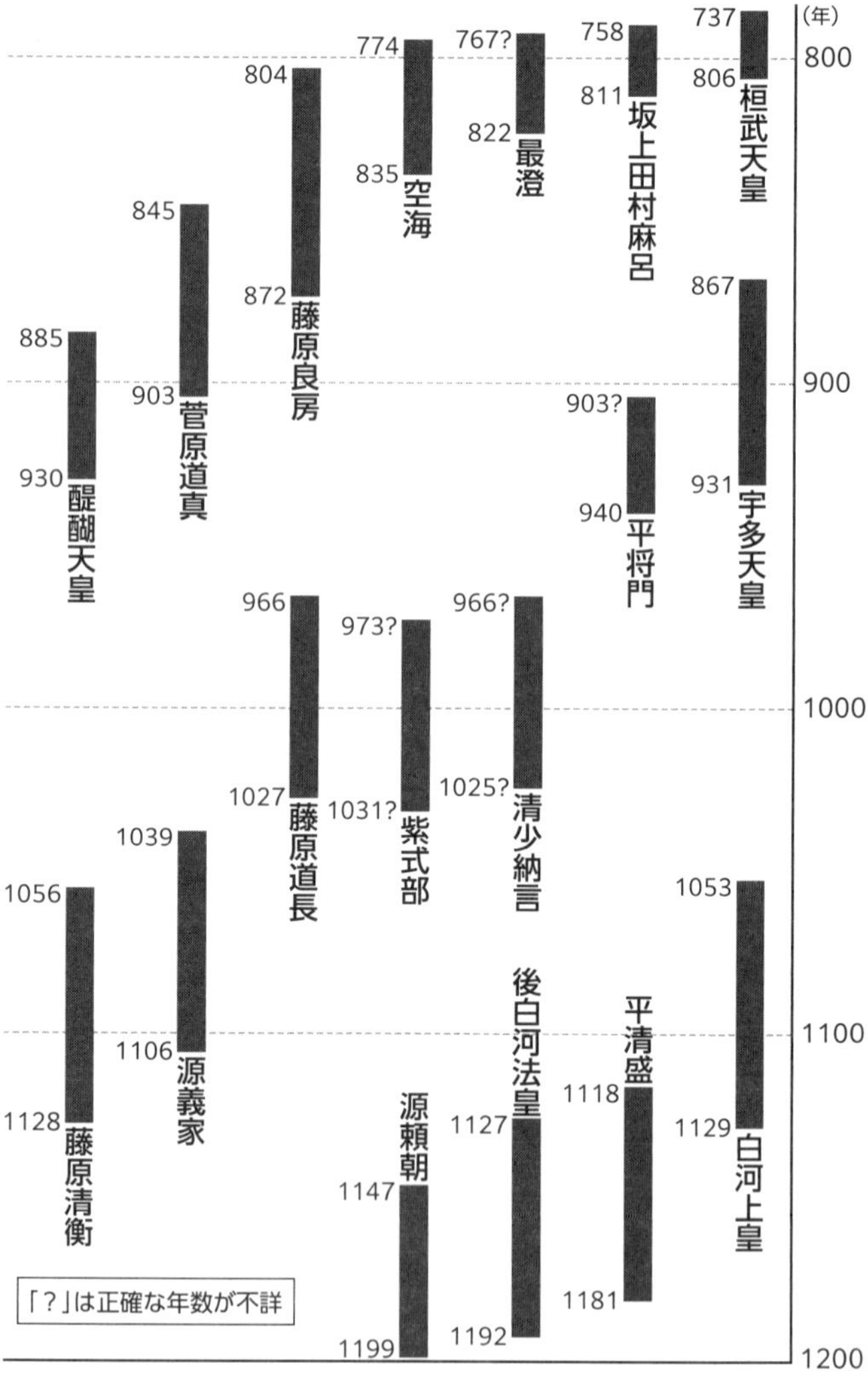
(年)
800
900
1000
1100
1200
737 806 桓武天皇
758 811 坂上田村麻呂
767? 822 最澄
774 835 空海
804 872 藤原良房
845 903 菅原道真
885 930 醍醐天皇
867 931 宇多天皇
903? 940 平将門
966 1027 藤原道長
973? 1031? 紫式部
966? 1025? 清少納言
1053 1129 白河上皇
1039 1106 源義家
1056 1128 藤原清衡
1118 1181 平清盛
1127 1192 後白河法皇
1147 1199 源頼朝
「?」は正確な年数が不詳

序章

古代と中世にまたがる時代

多くの人にとって平安時代といえば、華やかな生活を送る貴族が、優雅《ゆうが》に和歌を詠んだり、蹴毬《けまり》に興じたり、恋愛にふける姿をイメージするのではないでしょうか。『源氏物語』をはじめ、日本を代表する数々の古典が生まれ、文芸が盛んだったというイメージもあるでしょう。

そんな平安時代は約400年間続きました。それ以前の飛鳥時代と奈良時代は合わせて約200年間、次の鎌倉時代は約150年間です。そのため、平安時代のなかでも時期によって世相は大きく異なります。

政治の面では、奈良時代に定着した律令制（刑法《けいほう》の律《りつ》と行政法の令《りょう》にもとづいた中央集権的な国家運営）を基本としていましたが、しだいに藤原氏が摂政・関白の地位に就《つ》いて政治を主導するようになります。後期になると、天皇から退位した上皇・法皇が実権を握ります。文化の面では、漢文の古典が基礎教養とされていましたが、10世紀に入る前後にかな文字が成立し、和歌や物語文学に代表される国風文化が発達します。

こうした多くの変化が起こったことから、平安時代は日本史のなかで〝古代と中世にまたがる時代〟と位置づけられています。

数々の変化は世界の動きとも無関係ではありませんでした。そもそも中国大陸で栄えていた唐《とう》から律令制が取り入れられ、この唐はシルクロードを通じて西方の国々ともつながっていたことから、唐を経由して西方の品々が日本に伝わりました。唐が衰退すると国交は途絶えますが、商人や僧侶を介した大陸との交流は続きます。

当時の人々をとりまく環境は現代とは大きく異なり、個人よりも一族の利益が優先され、藤原氏、源氏、平氏といった各時期の有力者の間で争いがくり広げられ、戦乱や災害で多くの命が失われました。すると、仏教が当時の人々の間に普及するにつれ、人の命ははかないという現在まで続く価値観も育まれました。また、多くの和歌に見られるように自然の風景や四季の変化に美を見出したり、敵味方の立場を超えて滅びゆくものに同情を寄せるようになったのです。

このような数々の側面を持っていた平安時代は、いかにして始まり、それがどのように変転を重ね、現代に何を残したのかをこれから追っていきましょう。

〈本書を読むにあたり〉

※ふりがな（ルビ）は、各章の初出の漢字に振っています。

※図表と同じ漢字が本文に出てくる場合、本文の漢字のほうに、ふりがなを振っています。

※登場人物の年齢は、現代の日本で一般的に使われている「満年齢《まんねんれい》」（出生時を0歳とし翌年以降、誕生日を迎えるごとに1歳ずつ年を取る数え方）ではなく、かつて使われていた「数え年《かぞえどし》」（出生時を1歳とし1月1日を迎えるごとに1歳ずつ年を取る数え方）を採用しています。

※畿内《きない》から西の地域を「西国《さいごく》」、東の地域を「東国《とうごく》」としています。

第一章
平安京への遷都

新たな都決めは問題が山積み

奈良時代の日本は、外交関係のあった東アジア諸国のなかで強大かつ先進的な中国王朝の唐《とう》から、政治制度や文化を取り入れていました。都の平城京（奈良県奈良市・大和《やまと》郡山《こおりやま》市）も、唐の都である長安《ちょうあん》（現在の陝西《せんせい》省西安《シーアン》市）をモデルに建造されています。その平城京を離れ、新たな都に移ることで、日本の新時代の幕が開くことになります。

７８１（天応《てんおう》元）年、病にかかった光仁《こうにん》天皇が譲位したのを受けて即位したのが、桓《かん》武《む》天皇です。桓武天皇はその3年後の７８４（延暦《えんりゃく》３）年に、平城京から山背《やましろ》国の乙訓《おとくに》郡長岡村の長岡京（京都府向日《むこう》市・長岡京市・大山崎《おおやまざき》町・京都市西京《にしきょう》区・南区・伏見《ふしみ》区）へと遷都しました。先の平城京は立地上の問題で水不足に悩まされたため、水に困らないうえに水上と陸上の交通の便に優れた長岡の地が、新たな都を築く場所として選ばれたのです。

桓武天皇が平城京を離れたのには、ほかにも理由がありました。天智《てんじ》天皇の子孫（天智系）である桓武天皇は、天智天皇の弟である天武天皇によってつくられた平城京、そして天武《てんむ》天皇の子孫（天武系）と深く結びついていた豪族と距離を置きたかったのです。政治に口を出すようになっていた仏教勢力との関係を断ち切りたいという考えもあったといい、実際に長岡京への大寺院の移転や建立《こんりゅう》を禁じています。

当然、桓武天皇の遷都は、天武系とゆかりのある豪族や仏教勢力の強い反発を招きました。そのようななか、遷都後も工事が続いていた長岡京において、造営の責任者だった藤原種継《ふじわらのたねつぐ》が何者かに矢で射殺《いころ》されます。事件は遷都反対派による犯行とされ、反対派に近しい早良《さわら》親王（桓武天皇の同母弟）は関与を疑われ、皇太子の地位を廃されたうえに淡路《あわじ》国（現在の兵庫県の淡路島）に流刑《るけい》になります。早良親王は自身の無実をうったえて食を断ち、移送中に死去しました。

その後、長岡京は飢饉《ききん》や疫病《えきびょう》に見舞われ、桓武天皇の身内も立て続けに命を落としたことから、これらの原因は早良親王の怨霊《おんりょう》による〝祟《たた》り〟と考えられるようになります。しかも、水上交通の便の良さが裏目に出て、河川の氾濫《はんらん》などが発生し、都の造営が一向に進みません。

問題に直面した桓武天皇に、和気清麻呂《わけのきよまろ》は長岡京の北に位置する葛野《かどの》郡宇太《うた》村（京都府京都市）に新しい都を造営する案を奏上《そうじょう》します。清麻呂は、かつて天皇になろうと画策した僧侶である道鏡《どうきょう》の野望を断ち（宇佐《うさ》八幡宮神託事件《はちまんぐうしんたく》）、天智系の皇統の復権に貢献して桓武天皇から信頼されていた人物です。この進言を受け入れた桓武天皇は、二度目となる新たな都づくりを決断するのです。

都が京都盆地に置かれた理由

７９４（延暦13）年、桓武天皇は遷都します。同年中に、新たな都が置かれた山背国（かつて政治の中心地であった大和国の背後に位置したことに由来する）が「山城国《やましろ》」へと改称され、「平安京」という都の名が詔《みことのり》（天皇の命令、もしくはその内容を記載した文書など。詔勅《しょうちょく》とも）によって発表されました。長岡京での数々の不幸を忘れ、「平和で安らかな都であってほしい」という人々の思いがその名に表れています。

平安京は京都三山（東山、北山、西山）に囲まれた京都盆地の北部に位置します。遷都の詔に「襟《えり》のように山があり、帯のように川が流れる山河襟帯《さんがきんたい》」とあるように、水陸

◉平安京の位置（推定図）

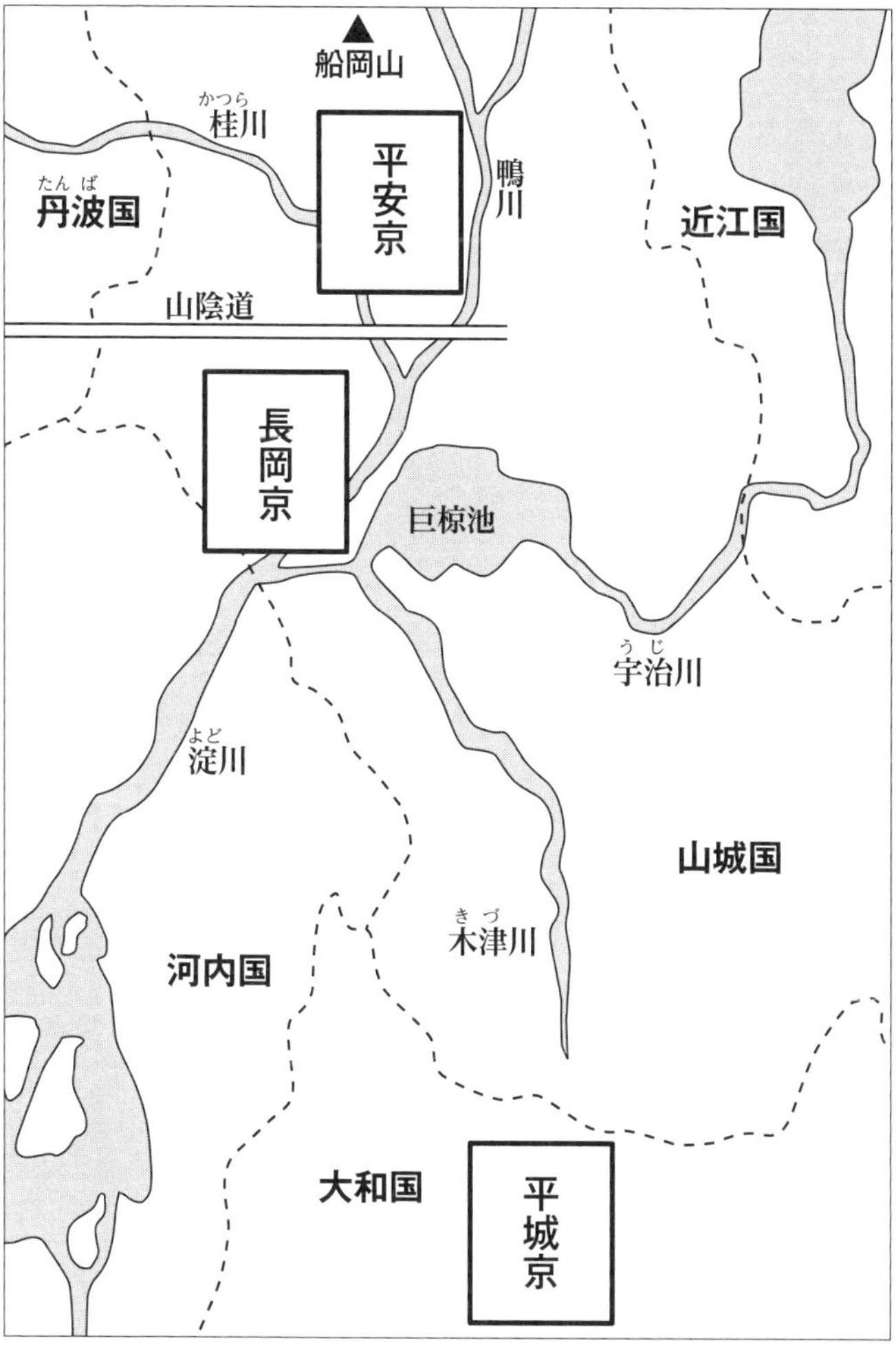
船岡山
桂川《かつら》
平安京
鴨川
丹波国《たんば》
近江国
山陰道
長岡京
巨椋池
宇治川《うじ》
淀川《よど》
山城国
木津川《きづ》
河内国
大和国
平城京

の交通の便の良い地であったことが、この地に決まった要因とされています。

このほかにも、古代中国の思想を起源とし、日本で独自に発展した地相から運気を見る方法である風水《ふうすい》にもとづいた「四神相応《しじんそうおう》」の土地だったことが理由として挙げられることもあります。「四神」とは東西南北をそれぞれ守護する、青龍《せいりゅう》、白虎《びゃっこ》、朱雀《すざく》、玄武《げんぶ》という霊獣《れいじゅう》を指し、平安京の周辺に位置する鴨《かも》川を青龍、山陰《さんいん》道を白虎、巨椋《おぐら》池《いけ》を朱雀、船岡《ふなおか》山を玄武と見立て、都が怨霊や災害、疫病などから護られた地だとする思想です。ただし、四神相応が都の土地選定のための決め手だったことを示す史料は残っておらず、真相はわかっていません。

世界屈指の大都市の全容

平安京の構造について見ていきましょう。まず規模ですが、東西約4・5キロメートル、南北約5・2キロメートルあり、その範囲はおおよそ現在の京都市の中心市街に相当します。モデルとした長安と異なり、東西より南北が長いのは日本独自の構造です。その一方、宮城《きゅうじょう》（大内裏《だいだいり》または平安宮）が北部中央に位置する点は長安と同様で、東西

◉平安京の構造

〈大内裏の主要施設〉

門	建物名	施設
応天門	朝堂院	大極殿
建礼門	内裏	清涼殿、紫宸殿、後宮

※このほか八省や令外官府をはじめ、朝廷の中枢機能が集約されている。

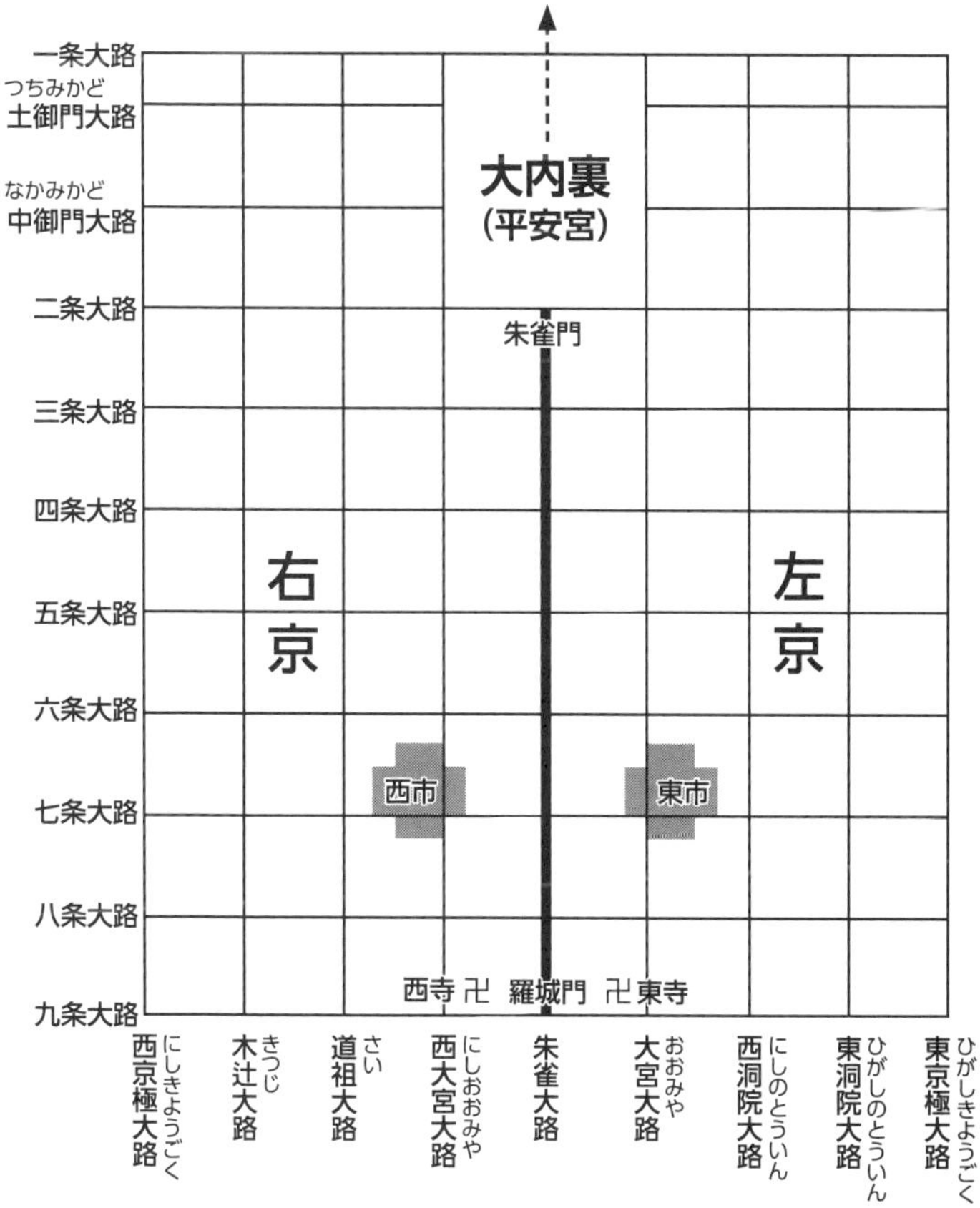

約1・1キロメートル、南北1・4キロメートルの宮城には、天皇一家が居住する内裏をはじめ、国の重要な祭祀《さいし》が行われる大極殿《だいごくでん》などが存在しました。これらは、現在の京都市上京区《かみぎょうく》千本丸太町《せんぼんまるた》交差点付近一帯にあたります。

この宮城から南端にある正門の羅城門《らじょうもん》までを南北に貫くように、道幅が約84メートルもあるメインストリートの朱雀大路《おおじ》が走り、その朱雀大路を軸に都は東側の「左京《さきょう》」と西側の「右京《うきょう》」に大きく分かれていました。さらに、朱雀大路と並行して南北に走る9本の大路と、これらと交差して東西に走る11本の大路によって、平安京は碁盤《ごばん》目状に区画されています。東西列のメインの大路を「条《じょう》」、南北列の大路に挟まれたエリアを「坊《ぼう》」と呼ぶことから、東西南北の大路で地域が区画されたこのシステムを「条坊制《じょうぼう》」といいます。

そのほか、桓武天皇が建立を許可した官立（国営）の寺院である東寺《とうじ》と西寺《さいじ》が羅城門を挟むように配置されたほか、左京と右京それぞれに東市《ひがしのいち》と西市《にしのいち》という官営の市場があり、食料や日用品が売られていました。

研究によると、800年ごろの平安京の人口は10万～20万くらいと推定されており、同時代のアッバース朝のバグダッド（現在のイラクの首都）、唐の長安などとともに世界屈指の大都市の一つでした。

南北へ広がった日本の領域

平安京の造営とともに桓武天皇が力を注いだ事業があります。それが現在の東北地方に居住していて、朝廷に服属しない「蝦夷《えみし》」と呼ばれた人々の征討《せいとう》です。

もともと蝦夷は、現在の北陸・関東北部から北海道にかけて居住していましたが、ヤマト王権が支配域を拡大するにつれ、徐々に北へと追いやられていきました。奈良時代以降、朝廷は新たに進出した地に「城柵《じょうさく》」という行政と軍事を兼ねた拠点を置きつつ、懐柔《かいじゅう》したり、軍事力を行使したりして支配域を拡大していったのです。ほかにも俘囚《ふしゅう》（朝廷に従属した蝦夷）を朝廷の西の支配域へ移住させたり、東国《とうごく》の農民ら（柵戸《さくこ》）を城柵の周辺に移住させるなどして開拓《かいたく》を進めました。

8世紀前半から陸奥国《むつ》（現在の青森県・岩手県・宮城県・福島県）の多賀城《たが》（宮城県多賀城市）には、国府《こくふ》（国司《こくし》がその国の行政を執り行う重要施設・拠点）と蝦夷を取りまとめる鎮守府《ちんじゅふ》が置かれました。これに現地の蝦夷は激しく反発し、朝廷の役人の殺害や反乱などが発生して、平安時代を迎えるころには蝦夷と朝廷の関係は最悪の状態でした。

780（宝亀《ほうき》11）年、陸奥国の上治《かみはり》郡もしくは伊治《これはり》郡（現在の宮城県栗原《くりはら》市と推定される）の郡司《ぐんじ》を務めていた伊治呰麻呂《これはりのあざまろ》は蝦夷を率い、反乱を起こします。呰麻呂はもともと蝦夷の族長ですが俘囚の長となり、郡司としての職を得ていた人物です。中央から派遣された役人らが、呰麻呂に侮蔑《ぶじょく》的な態度をとったことが原因とも考えられています。この伊治呰麻呂の乱

◉北に拡大する領域

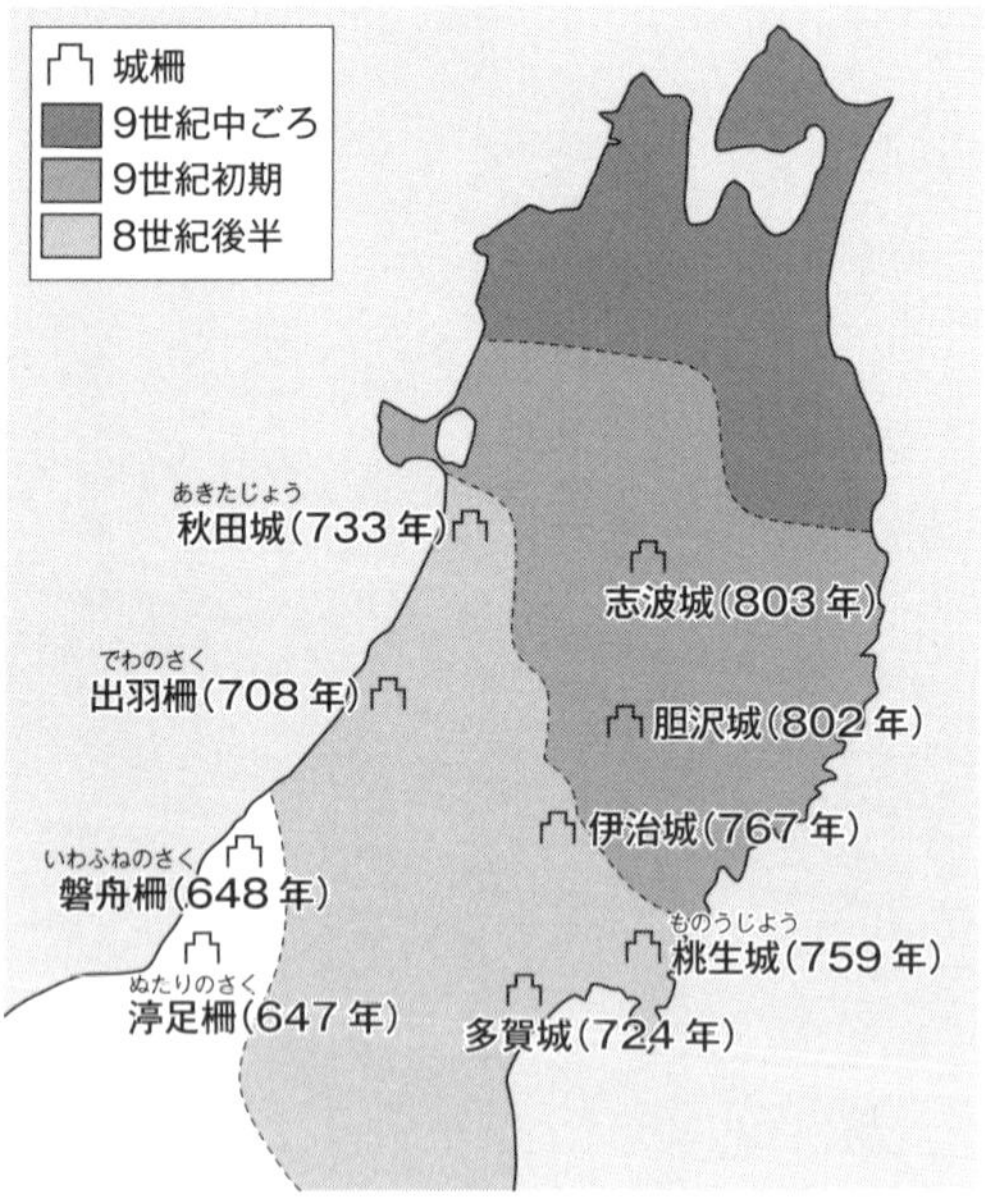

は蝦夷の反発を誘発し、約25年間も続く蝦夷と朝廷との戦いのきっかけとなりました。なお、呰麻呂がその後、どうなったかは不明です。

789（延暦8）年には、朝廷は紀古佐美《きのこさみ》を征東将軍《せいとう》に任命して軍を差し向けますが、蝦夷の族長である阿弖流為《あてるい》が率いる勢力との胆沢《いさわ》地方（岩手県奥州《おうしゅう》市付近）での戦いに敗れたため、新たな軍を編成します。そのなかには武人の家系に生まれ、蝦夷との戦いで軍功を挙げていた坂上田村麻呂《さかのうえのたむらまろ》も副官として加わっていました。

両勢力の争いは続き、794（延暦13）年の戦いで朝廷軍は阿弖流為の軍を破りました。その後、田村麻呂が蝦夷討伐の総責任者として征夷《せいい》大将軍に任命され、802（延暦21）年には、新たな拠点として胆沢城（岩手県奥州市）を築城しようとします。その際、阿弖流為らは投降しますが、都に連行されて処刑されました。完成した胆沢城は多賀城に代わって新たな鎮守府とされ、田村麻呂は胆沢城を拠点に朝廷の勢力範囲を広げ、北上《きたかみ》川の上流に志波《しわ》城（岩手県盛岡市）を築きました。

朝廷は9世紀前半には蝦夷の討伐を終えたと判断し、征夷大将軍の職を廃止します。もともと「夷」、つまり蝦夷を征討するための臨時の官職だったからです。

さらに朝廷は北方だけでなく、「隼人《はやと》」という勇猛果敢《ゆうもうかかん》で知られる人々が暮らしていた南九州（現在の鹿児島県）にも目を向け、8世紀のうちに支配下に置きました。

9世紀後半に成立し、大晦日《おおみそか》に宮中で行われる追儺《ついな》という儀式について書かれている『貞観儀式《じょうがんぎしき》』という書物には「東は陸奥、西は遠値嘉《とおちか》（現在の長崎県の五島《ごとう》列島）、南は土佐《とさ》（国）、北は佐渡《さど》（国）よりも遠いところに悪鬼《あっき》を追い払う」という一文があり、当時の日本という国としての領域をイメージできるでしょう。

桓武天皇がくだした決断

桓武天皇が、平安京への遷都と蝦夷や隼人の征討という二大事業を行ったのには事情がありました。光仁天皇の第1皇子として生まれたとはいえ桓武天皇は正妻《せいさい》の子ではなく、母親は渡来人の子孫でした。そのためかすぐには皇太子とされず、天皇に即位したのは45歳のときでした。出自に負い目があったうえ、天智系の天皇として正統性をアピールする必要があったため、平安京を壮大な都にすること、朝廷の支配域を拡大させることで自身の権威を広く知らしめようとしたのです。

◉律令による統治機構

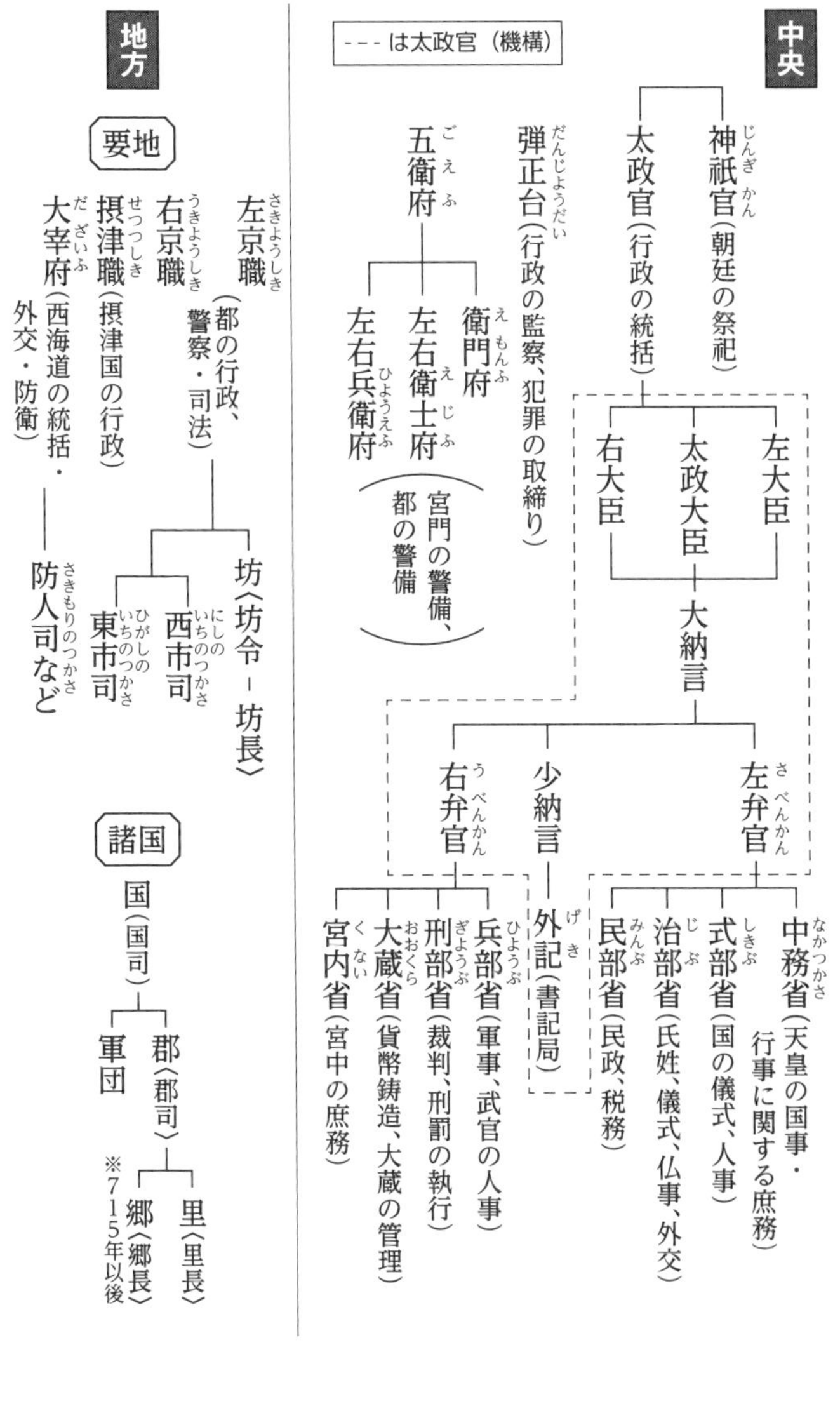

中央
---は太政官（機構）
神祇官《じんぎかん》（朝廷の祭祀）
太政官（行政の統括）
左大臣
太政大臣
右大臣
大納言
左弁官《さべんかん》
少納言
右弁官《うべんかん》
中務省《なかつかさ》（天皇の国事・行事に関する庶務）
式部省《しきぶ》（国の儀式、人事）
治部省《じぶ》（氏姓、儀式、仏事、外交）
民部省《みんぶ》（民政、税務）
外記《げき》（書記局）
兵部省《ひょうぶ》（軍事、武官の人事）
刑部省《ぎょうぶ》（裁判、刑罰の執行）
大蔵省《おおくら》（貨幣鋳造、大蔵の管理）
宮内省《くない》（宮中の庶務）
弾正台《だんじょうだい》（行政の監察、犯罪の取締り）
五衛府《ごえふ》
衛門府《えもんふ》
左右衛士府《えじふ》
左右兵衛府《ひょうえふ》
（宮門の警備、都の警備）
地方
要地
左京職《さきょうしき》（都の行政、警察・司法）
右京職《うきょうしき》
坊〈坊令－坊長〉
西市司《にしのいちのつかさ》
東市司《ひがしのいちのつかさ》
摂津職《せっつしき》（摂津国の行政）
大宰府《だざいふ》（西海道の統括・外交・防衛）
防人司《さきもりのつかさ》など
諸国
国（国司）
郡（郡司）
軍団
里〈里長〉
郷〈郷長〉
※715年以後

当時の日本では天皇を頂点とした政治制度が敷《し》かれていました。その基本となった法令を大宝律令《たいほうりつりょう》といい、唐の律令（「律」は刑法《けいほう》、「令」は行政をはじめとした刑法以外の法）を参考とし、701（大宝元）年に制定されたものです。

令には中央と地方の官制（統治機構）が定められていました。中央の最高機関である太政官《だいじょうかん》には太政大臣《だいじょうだいじん》（常設ではない）、左大臣や右大臣をはじめ、大納言《だいなごん》（のちに内大臣《ないだいじん》）・中納言《ちゅうなごん》・参議《さんぎ》が加わる）などの官職が存在していました。彼ら高位の官職の者だけが大極殿に集まり、国政にまつわる議題を評議し、国家は運営されていたのです。これを「朝議《ちょうぎ》」といい、天皇と大臣らからなる中央政府のことを「朝廷《ちょうてい》」といいます。

朝廷を構成する8000～9000人いた官人（官吏）の身分は、律令制にもとづいた「官職」（役職）と出自に応じて授けられた「位階《いかい》」（等級）の二つを合わせた「官位」で示されます。位階は正一位《しょういちい》から少初位下《しょうしょいのげ》まで30階があり、勤務状況や態度、どれだけ職務を遂行できたかなどが評価されることで昇進していきます。五位《ごい》以上になると家族とも〝貴族〟としてあつかわれますが、三位《さんみ》以上の上級貴族は「貴《き》」、四位《しい》と五位の中級・下級貴族は「通貴《つうき》」とされ、150人未満しかいなかった貴族のなかでも

◉官職と位階

〈正官《せいかん》〉律令に記載されている官職

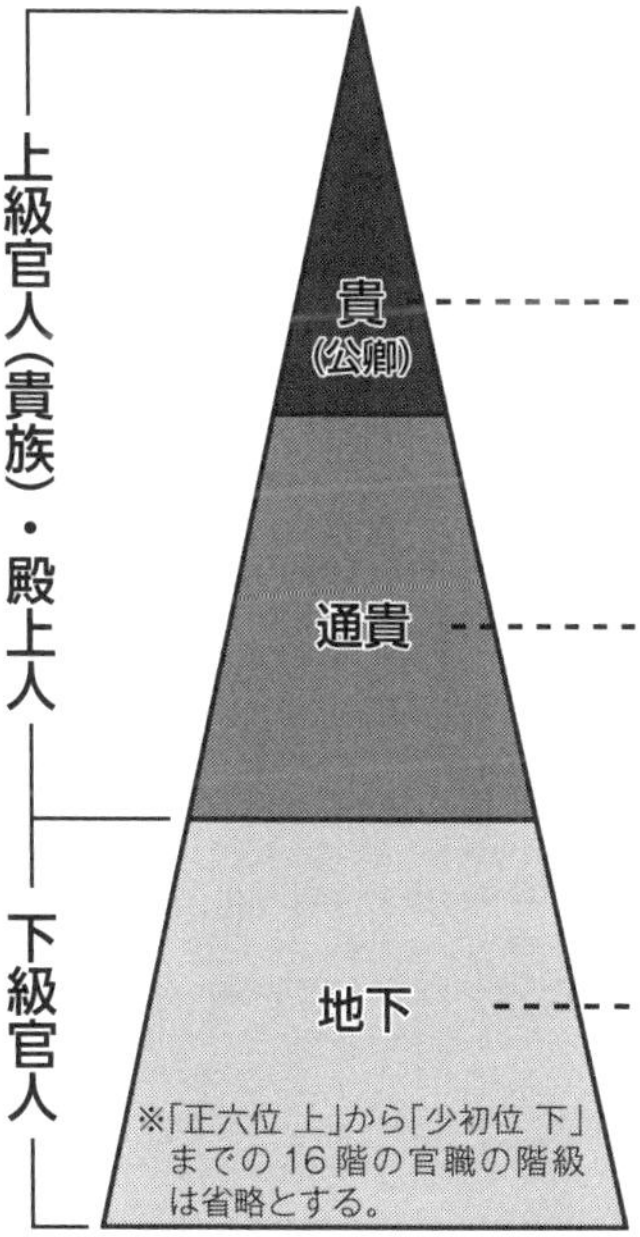

〈官位相当制〉　＊は令外官

位階	太政官	大宰府
正一位	太政大臣	
従一位		
正二位	左大臣、右大臣 内大臣＊	
従二位		
正三位	大納言	
従三位	中納言＊	帥
正四位　上		
正四位　下	参議＊	
従四位　上	（左・右）大弁	
従四位　下		
正五位　上	（左・右）中弁	大弐
正五位　下	（左・右）少弁	
従五位　上		
従五位　下	少納言	小弐
正六位　上　／　正六位　下		
従六位　上　／　従六位　下		
正七位　上　／　正七位　下		
従七位　上　／　従七位　下		
正八位　上　／　正八位　下		
従八位　上　／　従八位　下		
大初位　上　／　大初位　下		
少初位　上　／　少初位　下		

※ほかにも「神祇官」「省」「国司」など官職とそれに相当する位階が存在するが、本書でとくに登場する「太政官」と「大宰府」にしぼってここでは紹介している。

〈権官《ごんかん》〉律令に記載がない官職

廃止された員外官（定員外の官）から派生した官職。権には「仮」という意味があり、臨時の名誉職や長官、補佐などの職務を担う

主な例）権大納言《ごんだいなごん》　大宰権帥《だざいのごんのそち》　権守《ごんのかみ》

〈令外官〉律令に記載されていない官職

主な例）摂政　関白　征夷大将軍　蔵人《くろうど》　検非違使《けびいし》

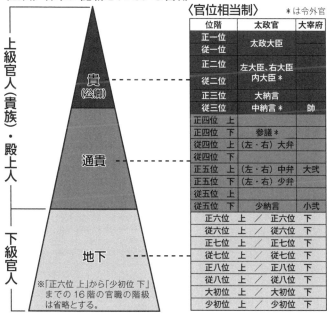

区別されていました。そして六位《ろくい》以下は下級官人（地下《じげ》）であり、貴族ではありません。

官人になる方法として、都の教育機関である「大学《だいがく》」や地方の教育機関である「国学《こくがく》」で学び、「課試《かし》」と呼ばれる登用試験に合格するという道がありました。ただし、たとえ合格しても彼らのほとんどは下級官人のまま一生を終えます。一方、父祖が上級官人だった場合、その子や孫には官人になった直後から一定以上の官位が与えられるという「蔭位《おんい》の制」と呼ばれる優遇制度が存在しました。つまり、いくら優秀であっても出世するチャンスが平等にあったわけではなかったのです。

公《こう》（太政大臣・左大臣・右大臣）と卿《けい》（大納言・中納言・参議・三位以上の貴族）はまとめて「公卿《くぎょう》」と総称されます。もとは古代中国の高位高官を意味する言葉が由来です。公卿のことを「公家《くげ》」と呼ぶ場合もありますが、この呼び方は中世以降に力を持った武士たちが「武家」と呼ばれることに対応して生じた言葉です。それ以前は、公卿と同じ意味で「公家《こうけ》」と呼ばれることもありました。

官人だった経験がある桓武天皇は、約25年にわたる在位中のほとんどの期間に太政大臣や左大臣を置かず、政治を主導しました。武人として功績のある坂上田村麻呂、官人として優秀だった菅野真道《すがののまみち》らを重く用いたことから、桓武天皇が血筋ではなく、個人の能力を重視していたことがうかがえます。

桓武天皇は改革にも力を入れ、蝦夷を討伐した地域以外では農民兵を廃止して、代わりに郡司や有力農民の子弟などから弓馬が得意な志願兵（健児《こんでい》）を採用し、少数精鋭《せいえい》の軍隊を構成する「健児制」を設けました。また、国や郡に定員以上に配置された国司や郡司の廃止、国司の前任者と後任者の引き継ぎ時の不正の監督役《かんとく》（勘解由使《かげゆし》）を用いる「解由制度」の導入、国が強制的に稲を貸しつけて収穫時に利息とともに回収する「出挙《すいこ》」の軽減、青年男子の地方労役「雑徭《ぞうよう》」の最大日数の半減などが取り決められます。

とはいえ、一連の改革は農民が重税にあえぐなか、二大事業を推し進めるにあたってやむにやまれない措置でした。それでも農民の負担は軽くならなかったため、桓武天皇は805（延暦24）年に藤原緒嗣《おつぐ》と菅野真道という信頼する2人に、善政について論議させました。これを「徳政相論《とくせいそうろん》」といいます。緒嗣は桓武天皇が皇太子になれるよう尽力した藤原百川《ももかわ》の子で、このとき30代前半でした。

論争のなかで緒嗣は「今、天下が苦しんでいるのは軍事（蝦夷の討伐）と造作《ぞうさく》（平安京の造営）のためです。この二つを中止すれば、百姓《ひゃくせい》（人々）らは安らかとなるでしょう」と述べます。これに対し、造営を担当していた老臣の真道は激しく反対しました。

2人の意見を聞いた桓武天皇は緒嗣の意見を採用し、両事業の停止を決断します。事業をこれ以上続けることで、民が疲弊《ひへい》して国の財政が破綻《はたん》しかねないという危惧《きぐ》と、事業による一定の成果はすでに得られたとする考えにもとづいてのことでした。

藤原四家の抗争

二大事業の中止を決めた翌年にあたる８０６（延暦25）年、桓武天皇は70歳で死去しました。そして、皇太子だった安殿《あて》親王が平城《へいぜい》天皇として即位します。

平城天皇は父親と同様、意欲的に国政に臨みました。官人の整理・統合、桓武天皇の治世に置かれた勘解由使に替えて、諸国の視察や国司・郡司の政務を観察し、問題があれば中央に報告する「観察使」という官職を新設し、その長官には参議を兼務させます。国政や地方政治の無駄《むだ》や腐敗《ふはい》した部分を取り除くとともに民の負担を軽くすることで、父親の代で疲弊した国力を回復させようとしたのです。

◉藤原四家を中心とした系図

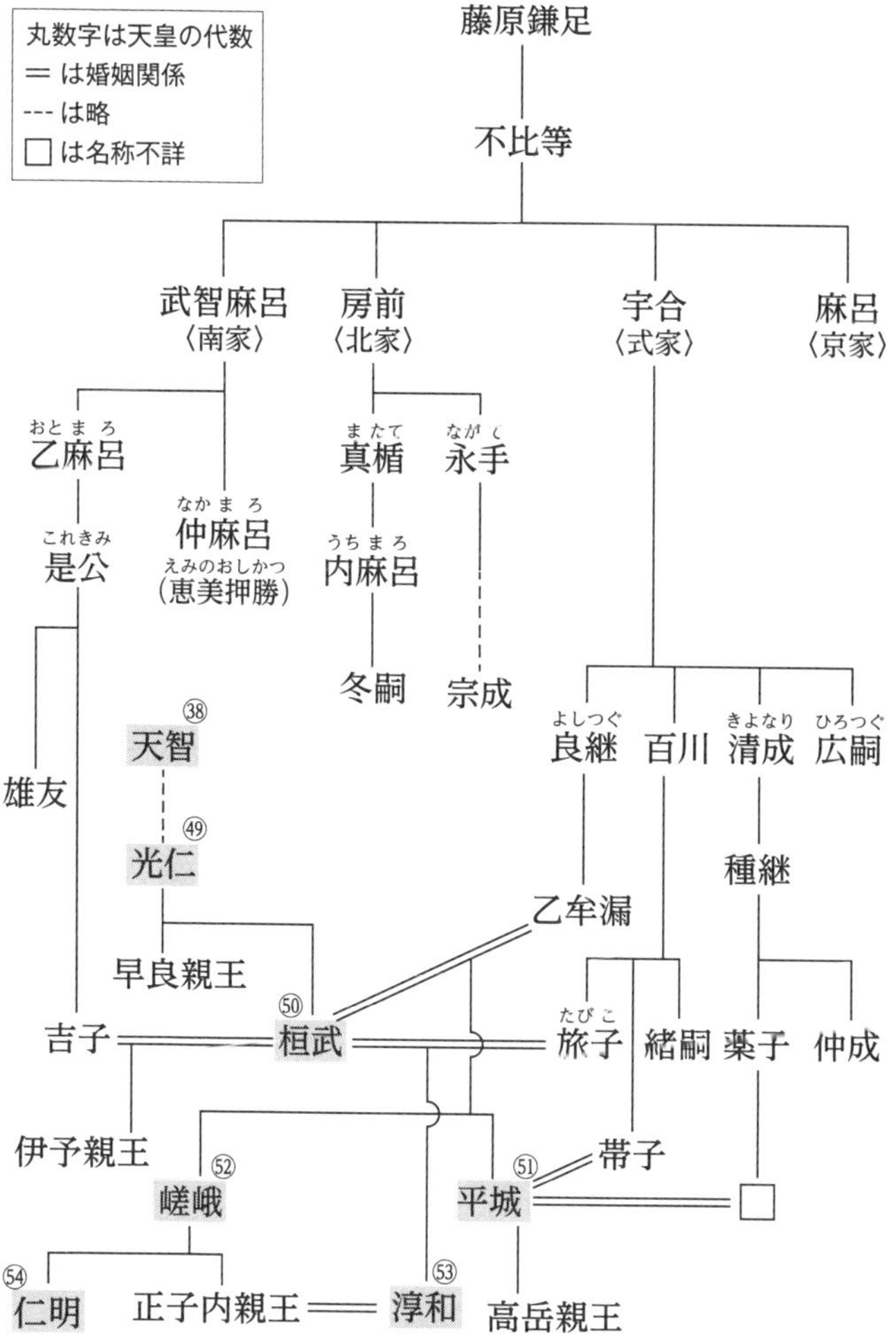
丸数字は天皇の代数
＝は婚姻関係
---は略
□は名称不詳
藤原鎌足
不比等
武智麻呂
〈南家〉
房前
〈北家〉
宇合
〈式家〉
麻呂
〈京家〉
乙麻呂《おとまろ》
仲麻呂《なかまろ》
(恵美押勝《えみのおしかつ》)
是公《これきみ》
雄友
真楯《またて》
内麻呂《うちまろ》
冬嗣
永手《ながて》
宗成
良継《よしつぐ》
百川
清成《きよなり》
広嗣《ひろつぐ》
乙牟漏
種継
㊳天智
㊾光仁
早良親王
吉子
㊿桓武
旅子《たびこ》
緒嗣
薬子
仲成
伊予親王
帯子
52嵯峨
51平城
54仁明
正子内親王
53淳和
高岳親王

ところで、平城天皇の即位と同時に同母弟の神野《かみの》（賀美能《かみの》）親王が皇太弟《こうたいてい》となっていましたが、平城天皇には神野親王以外に藤原吉子《よしこ》を母親とする異母弟の伊予《いよ》親王がいました。伊予親王は、自身よりも年下である神野親王が皇太弟に選ばれたことで微妙な立場に立たされます。

８０７（大同２）年、謀反《むほん》をくわだてたとして捕まった藤原宗成《むねなり》が、首謀者は伊予親王だと自白します。そのため、親王は母親とともに捕らえられて幽閉されると、毒をあおいで自害してしまいました。「伊予親王の変」と呼ばれるこの事件の真相は不明ですが、親王は藤原氏の内部抗争の犠牲《ぎせい》になったと考えられています。

藤原氏が歴史の表舞台に出てきたのは、６４５年に

そのころ、世界では？

800年、カールが戴冠《たいかん》する

カロリング朝フランク王のカール（シャルル）は、ヨーロッパに一大勢力を築きます。するとカールの後《うし》ろ盾《だて》を得ようと、ローマ教皇がカールにローマ皇帝の冠《かんむり》を授け、両者は結びつきを深めました。

起こった中大兄皇子《なかのおおえのおうじ》（のちの天智天皇）とその側近である中臣鎌足《なかとみのかまたり》らによる政変、いわゆる乙巳《いっし》の変までさかのぼります。このできごとと、政治改革である大化《たいか》の改新《かいしん》の功績によって、死の直前に鎌足は天智天皇から「藤原」の姓をたまわりました。鎌足の子である不比等《ふひと》には4人の子（藤原四兄弟）がおり、それぞれが藤原の姓を受け継いで、武《む》智麻呂《ちまろ》の「南家《なんけ》」、房前《ふささき》の「北家《ほっけ》」、宇合《うまかい》の「式家《しきけ》」、麻呂《まろ》の「京家《きょうけ》」に分かれました。これらを「藤原四家《よんけ》」といいます。

同族でありながら四家は勢力を争うようになります。桓武天皇の皇后（正妻）である乙牟漏《おとむろ》は式家、伊予親王の母親である吉子は南家、宗成は北家の出身です。京家は子孫が少なく早世した者も多かったため、早々に衰退していきました。

平城天皇と式家のつながりは深く、平城天皇が帝位に就《つ》く前に死去した皇太子妃《こうたいしひ》の帯子《おびこ》は式家の出身であり、即位後も藤原種継《たねつぐ》の子である式家出身の仲成《なかなり》と薬子《くすこ》を重く用います。薬子は娘が平城天皇に嫁《とつ》いだことをきっかけに平城天皇に気に入られるようになり、その兄の仲成まで権勢を振るうようになったのです。このことから、伊予親王の変は南家を追い落とすために式家が仕掛けたと考えられています。いずれにせよ事件後、吉子の兄で大納言だった藤原雄友《おとも》は流刑《るけい》となり、南家は力を失っていきました。

太上天皇（兄）VS天皇（弟）

改革に尽力していた平城天皇ですが、皇太子のころから一種のノイローゼに悩まされていました。そして病が思うように回復しないという理由で、在位4年目の809（大同4）年、皇太弟である神野親王に譲位します。こうして即位したのが嵯峨《さが》天皇です。

譲位した平城天皇は律令にのっとって太上《だじょう》天皇となると、かつての都である平城京に御所を造営し、近臣を連れて移り住みました。この勝手な行動から太上天皇と天皇は対立するようになります。ちなみに、退位した天皇を指す「太上天皇」という尊称は平安時代初期まで使わ

れ、その略称が「上皇《じようこう》」でした。それが平安時代中期からは、退位した天皇を上皇と呼ぶようになるのです。

2人の仲が決裂する決定打となったのは、観察使を廃止し、代わりに参議の職を復活させよという詔を平城太上天皇が発したことでした。これは、新たに即位した嵯峨天皇が観察使の収入を廃止した措置に対抗したものです。また、天皇の側に仕え、国政に関する重要事項を知ることができた尚侍《ないしのかみ》という女官《にょかん》のトップに薬子が就いていたことから、嵯峨天皇は新たに機密文書をあつかう部署として「蔵人所《くろうどどころ》」を設置し、その長官である蔵人頭《くろうどのとう》に藤原北家の藤原冬嗣《ふゆつぐ》と、陸奥鎮守副将軍の経歴を持つ巨勢野足《こせののたり》という2人の側近を配します。

そもそも、退位したはずの太上天皇が政治に口をはさみ、詔まで発することが可能だったのでしょうか。じつは当時の制度上、太上天皇にも天皇と同じ権力を行使する力がありました。つまり、太上天皇はもう1人の天皇といっても過言ではなかったのです。

このように、平安京の嵯峨天皇と平城京の太上天皇という2人の権力者が並立していた状態を「二所《にしょ》朝廷」といいます。

式家は没落、北家が台頭

天皇と太上天皇がにらみ合いを続けるなか、810（大同《だいどう》5）年に天皇への復位をねらった平城太上天皇が平城京への遷都の詔を発しました。

この動きに対し、嵯峨天皇は速やかに対処します。都にいた藤原仲成を捕らえ（翌日に処刑）、薬子の官位をはく奪して宮中から追放しました。さらに太上天皇側の官人の役職を解き、味方（天皇側）の官人を昇進・新任させます。激怒した太上天皇は兵を集め、薬子とともに東国へと向かおうとしましたが関所は嵯峨天皇側に押さえられており、一行は東国行きをあきらめざるを得ませんでした。平城京にもどった太上天皇は出家し、薬子は毒薬をあおって自害しました。

数日で治まったこの政変は「薬子の変」と呼ばれます。事件後、太上天皇の皇子である高岳《たかおか》親王は皇太子の座から降ろされ、代わりに嵯峨天皇の異母弟である大伴《おおとも》親王が皇太弟に立てられました。

平安時代初期に天皇の命令によって編纂《へんさん》された歴史書『日本後紀《こうき》』によれば、薬子と仲成がこの事件の首謀者《しゅぼうしゃ》だったと書かれています。おそらくは身内である太上天皇に罪がおよばないよう、嵯峨天皇が配慮したのでしょう。近年の研究により、太上天皇も積極的に変に関与していたことが認められていることから、薬子の変は「平城太上天皇の変」ともいわれています。

政変後、太上天皇は目立った行動を取らなくなり、嵯峨天皇の政権は安定します。仲成と薬子の出身家である式家は政変を境に没落した一方、嵯峨天皇の側近である北家の冬嗣が台頭し、朝廷において権力を振るうようになっていくのです。

嵯峨天皇の親政

嵯峨天皇の政治改革で注目されるのは、新たな「令外官《りょうげのかん》」が設けられたことです。令外官とは、律令で定められていない官職や官庁のことで、律令で定められた官職を持つ者でも天皇に任命されれば令外官に就くことができました。したがって任命した天皇が代替わりすると、令外官は新たに任命し直されることになります。内大臣《ないだいじん》、中納言、参議のほか、坂上田村麻呂が就任した征夷大将軍、桓武天皇が設置した勘解由使も令外官です。

嵯峨天皇が設置した令外官は、蔵人と検非違使《けびいし》です。前者は政治の機密事項をあつかう部署だったことから、その長官の蔵人頭は天皇の側近として朝廷における重要な役割を担《にな》うようになります。後者は平安京の治安維持を担当しますが、時とともに都の裁判権を握るようになると、その長官である検非違使の別当《べっとう》もやはり政治に深く関わるようになりました。

嵯峨天皇は法の整備にも力を入れており、大宝律令が制定されて以来、各時代の実情に応じて追加されてきた法令を整理しています。８２０（弘仁11）年に「格《きゃく》」（補足・修正の法令）、「式《しき》」（細かい規則）に分類された『弘仁格式』が成立しました。のちに清和《せいわ》天皇が『貞観《じょうがん》格式』を、醍醐《だいご》天皇が『延喜《えんぎ》格式』を編纂しており、これら三つを合わせて「三代格式」といいます。

ほかにも嵯峨天皇は、地位や出世にも影響する諸氏族の系譜《けいふ》をまとめた『新撰姓氏《しんせんしょうじ》録《ろく》』や、宮中の儀式をまとめた『内裏式《だいりしき》』の編纂を命じています。これらのことから、嵯峨天皇が朝廷の秩序《ちつじょ》を重んじていたことがうかがわれます。

薬子の変の以後、朝廷には有力な公卿が少なかったことから、嵯峨天皇は実務に長《た》けた文人を官人として積極的に登用します。また、大極殿で行われていた公卿たちの政務における審議の場を天皇の居住空間である内裏の清涼殿《せいりょうでん》へと移し、親政（天皇の主導のもとで政治が行われること）に都合のよい環境を整えました。

さて、嵯峨天皇には皇后のほか、20人を超える妃《きさき》（妻）と50人以上の皇子や皇女がいました。その子どものうち母親の身分が低い32名に源朝臣《みなもとあそん》という姓を与え、皇族の身分から外して臣下としました。これを「臣籍降下《しんせきこうか》」といいます。皇族でなくなった嵯峨天皇の元皇子や元皇女は嵯峨源氏《げんじ》と呼ばれ、公卿として朝廷で一勢力を形成していきました。嵯峨天皇が臣籍降下を実施した理由の一つとして、「皇族としてのさまざまな特権が国費を圧迫した」ことが挙げられますが、それ以外にも「子に高位を与えて相談役としたかった」「皇位継承者を減らそうとした」など諸説あります。

823（弘仁14）年、嵯峨天皇は異母弟の大伴親王に皇位をゆずり、同時に自身の子である正良《まさら》親王を皇太子としました。新たに即位した淳和《じゅんな》天皇と嵯峨太上天皇の関係は良好で、淳和天皇は太上天皇と皇太后を父母とする正子《まさこ》内《ない》親王を皇后としています。8

33（天長10《てんちょう》）年には譲位し、正良親王が仁明《にんみょう》天皇として即位しました。天皇位を退いた嵯峨太上天皇は政治に介入しなかったことから、皇室と朝廷に平穏《へいおん》が訪れたのです。

薄れゆく唐との交流

平安時代前期の日本を知るうえで、当時の海外にも目を向ける必要があります。すでに述べたとおり、日本が国家のあり方の手本としたのは、律令にもとづいて政治が行われていた中国王朝の唐でした。

唐は618年に前王朝である隋《ずい》が滅亡したのち、中国大陸の新たな支配者となった強大な王朝です。東アジアの広大な地域に影響をおよぼすだけでなく、ユーラシア大陸の東西をつなぐ交易路であるシルクロードなどを通じ、西アジアやさらに西方の国々とも交流を持ちました。8世紀前半の皇帝である玄宗《げんそう》のもとで、唐は最盛期を迎えます。都の長安は国際都市と呼ぶにふさわしく、周辺国以外からソグド人（中央アジアのイラン系民族）やアラビア人なども訪れていました。

日本は隋からさまざまな大陸文化を吸収することを主な目的として、7世紀前半に隋へ使節（遣隋使）を送っていました。その後、唐が中国大陸の支配者となってまもない630年、やはり大陸の先進的な技術や制度、文物を持ち帰ることを目的に、犬上御田鍬《いぬかみのみたすき》を代表とする使節団（遣唐使）を派遣します。これ以降、断続的に使節団を派遣するようになり、8世紀に入ると、ほぼ20年に一度の割合で大規模な使節団を派遣しています。使節団は団長である大使や副使のほかに、留学生《るがくしょう》、留学僧《るがくそう》、船員などから構成され、多いときでは500人以上が複数の船に分乗して海を渡りました。

　使節の派遣は船が難破するなどの危険と隣り合わせでしたが、見聞によって得られる知識や持ち帰る書物、そして唐物《からもの》と呼ばれる唐の物品はたいへん貴重であり、リスクを負ってでも海を渡る価値がありました。

　日本は唐に対し、隋とのかつての関係と同じく、表面上は対等の関係を取りつつ、唐への朝貢《ちょうこう》という形式の貿易を行っていました。

◉東アジア（7～10世紀初め）

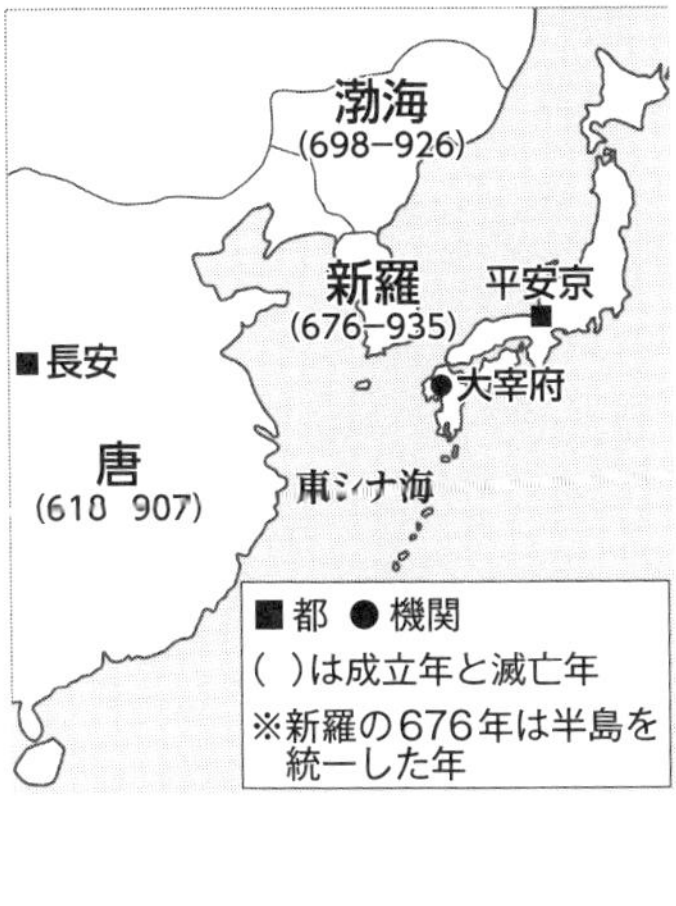

朝貢とは、皇帝に臣下の者が貢物《こうもつ》を献上すると、その返礼として皇帝が貢物よりも価値のある品を与えるという儀礼を兼ねた一種の貿易の形態です。そうして日本から唐へは銀や生糸《きいと》などが、唐から日本へは絹《きぬ》や綿《めん》といった高級な織物、銀器、楽器などの工芸品が行き来しました。

ところが、玄宗の治世の後半にあたる755年に大規模な反乱（安史《あんし》の乱）が起こります。乱を起こしたのは玄宗のお気に入りの有力武将である安禄山《あんろくざん》であり、国政を実質的に握っていた臣下の楊国忠《ようこくちゅう》（玄宗の妃だった楊貴妃《ようきひ》の親類）との権力闘争がきっかけです。763年に乱は収まったものの、唐の国力は大きく弱まります。

このころになると、日本では遣唐使以外でも唐物が入手できるようになっていたほか、国力の衰えた唐へ使節を派遣する意義が薄れていました。平安時代に入ると、遣唐使の派遣は間隔が空き、9世紀に入って派遣されたのは二度だけです。

唐への使節の派遣の頻度は低くなっていましたが、853（仁寿《にんじゅ》3）年に唐へ留学した僧侶の円珍《えんちん》は唐人の商船によって往復し、朝廷から香薬《こうやく》や香木《こうぼく》を買いつけるためだけに商人が唐へ派遣されるなど、民間レベルでの交易・交流は続いていきました。

唐以外の近隣諸国との交流

平安時代前期の日本は、唐だけと交流していたわけではありません。新羅《しらぎ》や渤海《ぼっかい》などの近隣諸国とも公的・私的な交流がありました。

新羅は唐の支援もあって百済《くだら》と高句麗《こうくり》を滅ぼし、676年に朝鮮半島を統一した国家です。一時は唐と敵対しましたが、のちに和解して唐とは朝貢関係にありました。日本は表面上、唐と対等の関係であったため、唐に朝貢していた新羅を格下としてあつかい、日本を訪れる新羅の使節に高圧的な態度で接しています。

その後、安史の乱の余波を受けて新羅で内乱が起こり、779（宝亀10）年に来日した使節を最後に新羅との国交は絶えましたが、国家としては10世紀前半ま

そのころ、世界では？

843年、ヴェルダン条約が結ばれる

フランク王の子らは領地をめぐり争ったため、それぞれの領地を取り決める条約を結びます。870年にはメルセン条約を結び、現在のフランス、ドイツ、イタリアの原型となる国家が成立しました。

で存続します。

それでも民間レベルで新羅との貿易は続きました。嵯峨天皇の治世にあたる9世紀前半には新羅の商人が頻繁《ひんぱん》に来日し、その際、ロバやヒツジ、ガチョウ、ヤギなどを朝廷に献上した記録が残っています。新羅の商船に便乗して来日した唐人が、唐国内の情勢を伝えるなど、商人たちは情報収集という面でも一役買っていました。

日本は現在の中国の東北部からロシアの沿海部《えんかいぶ》にかけて建国された渤海とも国交を維持しましたが、やはり唐に従属していた渤海も格下とみなします。このころはすでに新羅からの使節も絶えており、8世紀末以降に来日していたのは渤海からの使節のみでした。嵯峨天皇の治世には、渤海から数十人から300人以上もの使節団が日本へやってきました。

渤海が日本へ使節を送ってきた主な目的は、日本との交易でした。渤海からの主な品々は、防寒衣の素材であり権威の象徴でもあったトラ・ヒョウ・ヒグマなどの皮製品で、日本では珍重されました。日本からは絹や生糸、綿などが贈られ、渤海では高価な品として取引されていたのです。

仏教界の二大巨頭

804（延暦23）年、唐へ向かう遣唐使船に、日本の仏教史に欠かすことのできない2人の留学僧の姿がありました。

その1人が最澄《さいちょう》です。767（神護景雲《じんごけいうん》元）年に、近江《おうみ》国滋賀郡（現在の滋賀県大津市）に生まれました（生年は異説あり）。近江国の国分寺《こくぶんじ》（造営や運営を国が行う寺院）で学び、10代で出家すると比叡山《ひえいざん》（大津市・京都市）に入山して修行を行い、6世紀末に中国で成立した天台宗の「区別なくすべての人が仏になれる」という法華経《ほけきょう》の教えに関心を深めます。788（延暦7）年には、比叡山に一乗止観院《いちじょうしかんいん》（延暦寺根本中《こんぽんちゅう》堂《どう》の前身）を建てました。

比叡山でのきびしい修行ののちに示した最澄の法華経学は人々に称賛され、桓武天皇から唐への留学が認められました。唐へ渡った最澄は、8カ月あまり滞在して天台宗《てんだいしゅう》を学び、翌年に数々の経典とともに帰国します。日本では法華経を中心とした布教や人材育成に励《はげ》み、天台宗は806（延暦25）年に、国家公認の宗派となりました。

822（弘仁13）年に最澄が死去すると、その翌年、一乗止観院は嵯峨天皇から授かった「延暦寺」へと改称します。その後、延暦寺は仏教と学問の中心地となり、ここで学んだ僧侶のなかから鎌倉新仏教の開祖となる人物らが輩出《はいしゅつ》されるのです。清和天皇の治世にあたる866（貞観8）年には、最澄に「伝教大師《でんぎょうだいし》」の号が贈られています。

そして、最澄とともに唐に渡ったもう1人の僧侶が空海《くうかい》です。774（宝亀5）年に讃岐《さぬき》国多度《たど》郡（現在の香川県善通寺《ぜんつうじ》市）に生まれたとされています。叔父《おじ》のもとで学び、18歳で官人の養成機関である大学寮《だいがくりょう》に入りますが、のちに退学します。20歳で出家したあと、数年にわたって四国の山林や海岸で修行しました。これが現在の四国八十八カ所巡礼（遍路《へんろ》）の起源の一つとなっています。

修行の途中に空海は密教《みっきょう》と出会い、傾倒します。密教とは、釈迦《しゃか》の教えを経典から学んで悟りを開こうとする顕教《けんきょう》に対し、秘密の呪法《じゅほう》によって悟りを開こうとする教えです。

空海は短期間で密教を修め、806（大同元）年に帰国します。その後、漢詩を通じて交流のあった嵯峨天皇の許しを得て、816（弘仁7）年に高野山《こうやさん》に金剛峯寺《こんごうぶ》（和歌山県高野町）を建立し、密教をもとにした「真言宗《しんごんしゅう》」を開きます。また遷都して以来、平安京にあって国が管理していた東寺（教王護国寺《きょうおうごこくじ》）が嵯峨天皇より授けられ、真言宗の修行の場となりました。835（承和《じょうわ》2）年に死去した空海には「弘法大師《こうぼうだいし》」の号が贈られています。

密教は、最澄の弟子である円仁《えんにん》、円珍らによって天台宗にも導入されています。東寺を中心とする真言宗の密教は「東密《とうみつ》」、天台宗の密教は「台密《たいみつ》」と呼ばれました。台密は10世紀以降に、法華経と密教の教えを同等とする延暦寺の円仁の「山門派《さんもんは》」、密教をより重視する園城寺《おんじょうじ》（別名を三井寺《みいでら》。大津市）の円珍の「寺門派《じもんは》」とに分かれていきました。

平安仏教の影響

平安京への遷都から9世紀終わりまでの約100年間、嵯峨天皇と清和天皇の治世に栄えた文化は、その元号《げんごう》（年号）を取って「弘仁・貞観文化」と呼ばれます。唐の制度や文化を重んじる風潮《ふうちょう》のなか、唐へ渡った人々が持ち帰った文物より生まれた文化ともいえるでしょう。その文化に深く関係しているのが、平安仏教（平安時代に新たに成立した仏教の宗派の総称）である天台宗と真言宗です。

桓武天皇は、奈良時代後期に国の保護・支配下にあった南都《なんと》（かつて都だった平城京があった地。奈良）の東大寺や興福寺《こうふく》といった仏教勢力の政治介入による問題を避けるため、それら大寺院を平安京に移転させませんでした。代わりに加持祈禱《かじきとう》（病気などの災いを祓《はら》おうとする儀式）や、秘密の奥義によって国家の安泰《あんたい》を祈る密教を土台とした天台宗と真言宗を支持したのです。

平安仏教は災いを避け、現世利益《げんせりやく》（この世における恵《めぐ》みや利益）を求める天皇や公卿などに支持されたほか、密教が有する神秘さが仏教芸術の表現の仕方に大きな影響をおよぼしました。

不動明王《ふどうみょうおう》像を描いた園城寺の曼殊院《まんしゅいん》不動明王像（黄不動《きふどう》）、密教の世界観を表した神《じん》護寺《ご》（京都市右京区）と東寺の両界曼荼羅《りょうかいまんだら》はこの時代を代表する作品です。彫刻では、観心寺《かんしんじ》（大阪府河内長野市《かわちながの》）のふくよかで神秘的な造形の如意輪観音《にょいりんかんのん》像、元興寺《がんごう》（奈良県奈良市）の翻波《ほんぱ》式と呼ばれる、衣のひだにさざ波が立っているかのように表現された薬師如来《やくしにょらい》立像が著名です。

平安仏教への信仰心は、日本古来の神々への信仰心とも融合して（神仏習合）、神社の境内には寺院（神宮寺《じんぐうじ》）が、寺院の境内《けいだい》には社殿（鎮守社《ちんじゅやしろ》）が建てられるなどしました。薬師寺（奈良県奈良市）の僧形《そうぎょう》八幡《はちまん》神像や神功《じんぐう》皇后像などは、神仏習合を反映した木彫《もくちょう》神像として知られています。

市街地に広大な伽藍《がらん》（僧侶が修行をする場）を有する東大寺や興福寺といった南都六宗《なんとろくしゅう》（南都仏教）の寺院とは異なり、山中に寺院が建てられるようになったのもこのころからで、真言宗の室生《むろう》寺（奈良県宇陀《うだ》市）がその代表例です。

山岳寺院で行われる密教の修行はやがて日本古来の山岳信仰と結びつき、平安時代末期に

▶元興寺の本堂と薬師如来立像

「修験道《しゅげんどう》」が成立すると、大峯山《おおみね》（奈良県の南部）や白山《はくさん》（石川県・岐阜県の境）などが重要な修行場となっていきました。

文芸で国家を守り立てる

弘仁・貞観文化の主な担《にな》い手《て》は皇族や公卿であり、宮中におけるさまざまな場面で唐《とう》風《ふう》文化の影響が見受けられます。宮中の御殿や門には紫宸殿《ししんでん》、陽明門《ようめい》といった唐風の名前がつけられました。そして宮中行事には日本古来の風習に加え、唐風の儀礼が取り入れられ、それらを整理した勅撰《ちょくせん》の儀式書もまとめられました。勅撰とは、天皇や上皇の命令により編纂されることを意味します。嵯峨天皇の治世には『内裏式』が、のちの清和天皇の治世には『貞観儀式』が編纂されています。

当時の皇族や公卿らは、中国から伝わった「文芸が国家の隆盛《りゅうせい》の鍵《かぎ》になる」という考え（文章経国《もんじょうけいこく》）にもとづき、歴史書の編纂、儀式に関する書物の整備を国家運営に関わる重要な事業として位置づけました。

当時、東アジアにおける共通語といえば漢字であり、公務における記録などもすべて漢文でした。そのため教養としての漢文は重要であり、漢詩も非常に盛んでした。嵯峨天皇と淳和天皇の治世には『凌雲集《りょううんしゅう》』『文華秀麗集《ぶんかしゅうれい》』『経国集』という漢詩集が天皇の命令によって編纂されています。宮中で開かれた宴《うたげ》では漢詩が披露され、すぐれた漢詩を詠んだ文人や学者のなかには官職に就いた者や昇進する者もいました。

9世紀前半では嵯峨天皇、空海、小野篁《おののたかむら》（小野妹子《いもこ》の子孫で貴族）などが漢詩づくりの名手とされています。また、空海による中国の漢詩文の評論書『文鏡秘府論《ぶんきょうひふ》』や、その弟子がまとめた空海の漢詩集『性霊集《しょうりょう》』はとくに有名です。

内容だけでなく、文字として表現する書の世界でも「唐様《からよう》」と呼ばれる力強い中国の書風が好まれました。当時は嵯峨天皇、空海、橘逸勢《たちばなのはやなり》の三者が能筆家として知られ、後世において「三筆《さんぴつ》」と称せられています。

平安時代の偉人❶

唐から天竺へと旅立った元皇子

真如(高岳親王)

Shinnyo (Takaoka–shinnou)

799(延暦18)年～
865(貞観7)年ごろ

仏教を極めようとして帰らぬ人に

唐との交流がまだ盛んだった時期、日本を離れ、海を渡った皇族がいました。それが高岳親王です。平城天皇の皇子として生まれましたが、810（大同5）年に起こった薬子の変で父が失脚《しっきゃく》すると、皇位継承権を失いました。その後、出家して真如《しんにょ》と名乗り、空海のもとで密教を学びます。

862（貞観4）年に64歳で唐に留学し、長安に到着したのち、空海も学んだ青龍《せいりゅう》寺で修行を重ねました。そして、さらに密教を研究するため天竺《てんじく》（インド）へと向かいましたが、以降の消息は途絶えてしまいます。

881（元慶5）年、唐へ留学した僧侶らを経由して、真如が天竺に向かう途中、羅越《らえつ》国（マレー半島の南端に存在した国）で死去との報《しら》せが日本にもたらされました。マレーシア南部のジョホールバル市には、真如の供養塔《くようとう》がありますが、正確な死没地は今も不明です。

第二章

天皇の親政

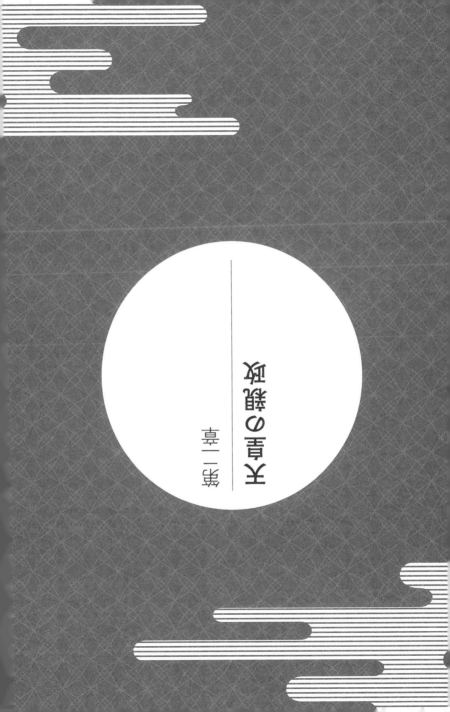

北家が台頭

律令制を整備するなど政治を安定させた嵯峨《さが》太上天皇《だじょう》（以降、上皇と表記）が、842（承和《じょうわ》9）年に死去しました。このとき皇位にあったのは嵯峨上皇の子である仁明《にんみょう》天皇で、皇太子はその従兄弟《いとこ》にあたる恒貞《つねさだ》親王です。母方の祖父にあたる嵯峨上皇の死は、父である淳和上皇がすでに没していた恒貞親王にとって後ろ盾《うしだて》がいなくなったことを意味しました。

嵯峨上皇の死からわずか2日後、事件が起こります。恒貞親王の護衛である伴健岑《とものこわみね》と、但馬《たじま》国（現在の兵庫県北部）の権守《ごんのかみ》（29ページの図を参照）である橘逸勢《たちばなのはやなり》らが、恒貞親王を奉《ほう》じて東国《とうごく》で反乱を起こす計画が発覚したのです。ただちに健岑と逸勢は捕らえられ、それぞれ隠岐《おき》国（現在の島根県の隠岐島）・伊豆《いず》国（現在の静岡県の伊豆半島）に流刑《るけい》となりました。同時に恒貞親王の側近ら60名も罪に問われ、恒貞親王は皇太子の地位から廃されました。

この事件は「承和の変」と呼ばれます。立場上、恒貞親王が計画に関与していた可能性もありますが、証拠は残っていません。

この事件を受けて最も恩恵《おんけい》を受けた人物がいるとすれば、それは嵯峨上皇の側近だった藤原冬嗣《ふゆつぐ》の子の良房《よしふさ》でしょう。事件後、良房の妹である順子《じゅんし》と仁明天皇との間の皇子、つまり良房の甥《おい》である道康《みちやす》親王が皇太子に立てられたうえに、娘が道康親王の妃《きさき》となったからです。さらに良房は中納言から大納言へと昇進し、政治の主導権を握ります。このことから、承和の変は良房による陰謀《いんぼう》だったとも考えられています。

皇族以外で初の摂政に

仁明天皇が850（嘉祥《かしょう》3）年に没すると、道康親王が文徳《もんとく》天皇として即位しました。文徳天皇と藤原良房は甥と伯父《おじ》という血縁関係にありましたが、後継者をめぐってけん制し合います。文徳天皇は名門氏族出身の紀《き》氏が産んだ第1皇子を皇太子にしたいと考えていましたが、第4皇子の惟仁《これひと》親王を産んだのは良房の娘の明子《めいし》（母の源潔姫《きよひめ》は元皇女）であり、両家の力関係からして第1皇子を皇太子にするのは望み薄でした。病弱だった文徳天皇は政務を良房に頼らざるを得ず、伯父である良房に遠慮があったともいわれ、皇太子は生後わずか8カ月の惟仁親王に決まりました。

文徳天皇の在任中の857（斉衡《さいこう》4）年には、良房は最高官職である太政大臣《だいじょうだいじん》に就任します。このことは藤原氏としては、奈良時代に南家《なんけ》に連なる藤原仲麻呂《なかまろ》（恵美押勝《えみのおしかつ》）が大師《たいし》（太政大臣）に任じられて以来のできごとです。文徳天皇は翌858（天安2）年に病によって没すると、わずか9歳の惟仁親王が清和《せいわ》天皇として即位し、太政大臣だった良房は幼少の天皇に代わって政治を執り行います。

866（貞観《じょうがん》8）年、大内裏《だいだいり》にある応天《おうてん》門（朝廷の政務や儀式を行う朝堂院《ちょうどういん》の正門）が何者かの放火によって焼失します。ほどなくして、右大臣の藤原良相《よしみ》と大納言の伴善《とものよし》男《お》が、放火犯は左大臣の源 信《みなもとのまこと》だと告発します。良相は良房の弟で、善男は名門氏族である大伴《おおとも》氏に連なる人物です。対する源信は嵯峨《さが》源氏《げんじ》で、善男とはライバル関係にあったとされています。事件の経緯には諸説あり、何らかの形で事件を知った良房のはからいによって源信は無実とされました。

すると今度は、「放火したのは伴善男とその子だ」という密告がもたらされ、しかもその密告者の娘が善男の従者によって殺害される事件が発生したため、状況は善男に不

◉天皇家を中心とした系図（8〜10世紀半ば）

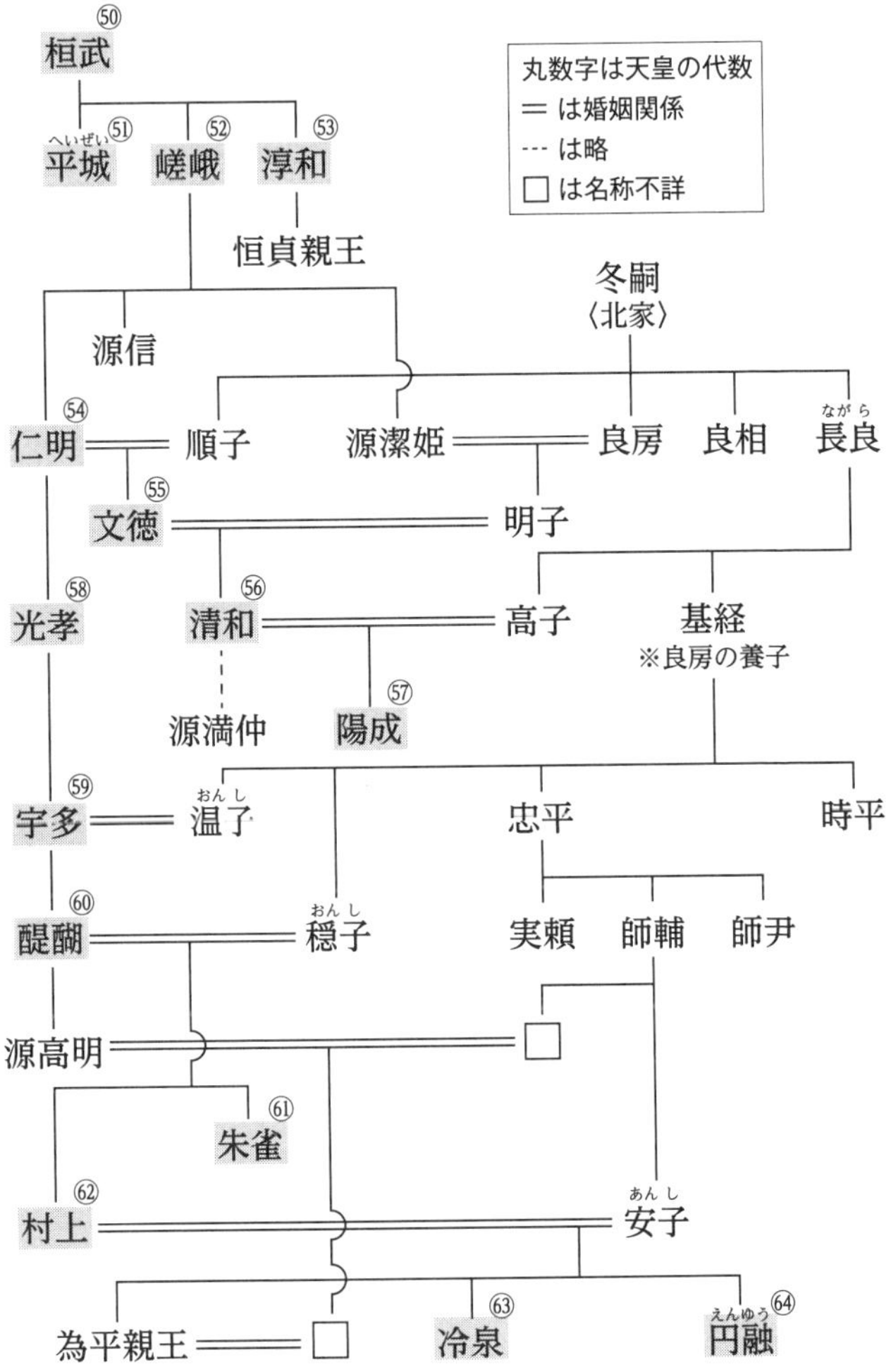

利なものとなります。善男は無実をうったえましたが犯人とされ、私財を没収されたうえ伊豆国へ流刑となりました。この政変は「応天門の変」と呼ばれます。

その後、伴氏に関係したとされる紀氏も処分を受け、古代からの名門氏族である両家は力を失い、無実とされた源信も政界を離れます。善男と親しかった良相は失脚《しっきゃく》こそしなかったものの力を失いました。一方で藤原良房の養子である基経《もとつね》は、参議《さんぎ》から中納言へと昇進します。火災の真相はわからないままでしたが、応天門の変で最も得をしたのが、良房であることは明白でした。

源信が応天門の炎上の犯人とされた際、清和天皇は事件の収拾を良房にゆだねる形で、「天下の政《まつりごと》を摂行《せっこう》せしむ（天皇に代わって政務を行わせる）」という詔《みことのり》を発します。この詔を受け、良房は摂政《せっしょう》（ただし、このときはまだ官職名としては存在していない）を務めることになりました。摂政とは、天皇が幼少だったり病気だったりした際に政務を代行する人物のことで、皇族から選ばれるのが通例でした。そのため、良房の摂政への就任は皇族以外で摂政となった初めてのケースです。

奈良時代に成立した『古事記』や『日本書紀』などの歴史書には、皇祖《こうそ》神《しん》（天皇の祖先とされる神）や歴代の天皇に加え、天皇に仕えて功績を挙げた人物のことが記されています。そのような経緯もあり、奈良時代になると、彼らの子孫にあたる大伴氏や紀氏など由緒《ゆいしょ》ある氏族に連なる人々が、とくに功績を挙げなくとも当然のように高い地位を得ていました。

ところが平安時代前期になると、由緒ある氏族に連なるというだけで高い地位に就けるという因習は消滅し始めました。それに代わって、「政治能力や事務処理能力に長《た》けた者」「高い学識を有する者」「天皇の外戚《がいせき》（天皇の妻の一族）にあたる者」「臣籍降下《しんせきこうか》した者」らが争いながら高い地位を得る、つまり実力主義の時代が訪れます。そうした実力者同士の争いを勝ち抜き、力をつけていった氏族が藤原氏なのです。

関白のはじまり

譲位した清和天皇に代わって即位したのは、清和天皇と藤原基経の実の妹である高子《こうし》との間に生まれた陽成《ようぜい》天皇です。このときすでに良房は没しており、後継者の基経が一族の長である「氏長者《うじのちょうじゃ》」でした。加えて陽成天皇が幼少だったことから、基経は87

6（貞観18）年には摂政に、880（元慶《がんぎょう》4）年には太政大臣に任じられています。

陽成天皇が成人を迎えたころ、粗暴な振る舞いが目立つ天皇に手を焼いた基経は摂政を辞し、職務を放棄します。政務がとどこおるなか、陽成天皇が884（元慶8）年に病気を理由に譲位すると、基経は政界に復帰しました。そして基経によって光孝《こうこう》天皇が擁立《ようりつ》されます。陽成天皇の祖父にあたる文徳天皇の弟で、すでに55歳と当時としては高齢での即位でした。

光孝天皇は血縁関係にないにもかかわらず、自身を即位させた基経に報《むく》いようと「すべての政治を基経にまず相談する」という内容の詔を発しました。そのうえ、皇位を継承させる意思がないことを証明するため、自身の子すべてを臣籍降下させています。

そのころ、世界では？

882年、キーウ（キエフ）公国が成立する

ノヴゴロド国の支配者だったオレーグは、都市キーウ（キエフ）を占領すると遷都します。成立したキーウ（キエフ）公国（キーウ<キエフ>・ルーシ）は、ウクライナやロシアの起源ともされます。

しかし光孝天皇が死去する直前、基経は臣籍降下した元皇子の1人を親王にもどすと皇太子に立て、887（仁和《にんな》3）年の光孝天皇の没後に天皇に即位させました。こうして即位した宇多《うだ》天皇は、基経と血縁関係にないながらも、自身を即位させた基経に父と同じく政務を託そうとします。ただ、その最中に事件が起こりました。

宇多天皇は基経に政務を任せる旨《むね》の詔を発します。当時、高位の職に任じられる際は形式的に三度辞退するのが慣例とされていました。基経は慣例どおりに政治の場から退くことを申し出たので、天皇は近臣で学者の橘広相《ひろみ》に命じ、詔を再度作成させました。ところが、詔の「よろしく阿衡《あこう》の任をもってなんじの任となすべし」の「阿衡」という文言の意味について論争となります。阿衡とは、古代の中国王朝に存在した何の権限もない名誉職だと、基経に仕えていた藤原佐世《すけよ》などの学者たちが問題視したのです。基経は「天皇は自分を実権のないただの名誉職に任じた。つまり、私が申し出たとおり政治から身を引くことを認めたのだ」として一切の政務を放棄します。そのため、半年にわたって政務はとどこおってしまいました。

詔を作成した広相は「そのような意図はなかった」と反論しますが、基経側の学者たちは認めません。じつは佐世は天皇に重用されていた広相をねたんでおり、基経も宇多天皇の皇子の外戚だった広相を警戒していたともいわれています。

どうしても納得しない基経に対し、宇多天皇は自身の非を認めたうえ、広相に罪をかぶせざるを得ませんでした。訂正された詔が発せられ、両者はようやく和解しました。一連の騒動は「阿衡の紛議」と呼ばれます。

和解後、宇多天皇は政治のすべてを基経にゆだねることとし、詔を発します。その詔の新たな職務の説明として「百官《ひゃっかん》の上奏《じょうそう》に関《あずか》り、意見を白《もう》す」と書かれていたことから、やがてこの役職は「関白《かんぱく》」と呼称されます。この関白は令外官《りょうげのかん》だったことから、基経は太政大臣と兼任する形で初めて関白に就任しました。ここから藤原氏による摂関政治への道が拓《ひら》かれていくのです。

2人の重臣に支えられた親政

宇多天皇が即位して4年後に藤原基経が死去します。このとき21歳だった基経の嫡男《ちゃくなん》の時平《ときひら》には父のような権力はまだなかったことから、宇多天皇は関白を置かず親政を開始します。

その政策の一環として宇多天皇の治世では「昇殿制《しょうでん》」が確立されました。天皇の生活の場である清涼殿《せいりょうでん》の「殿《てん》上《じょう》の間《ま》」に入れる（昇《のぼ》れる）こと、すなわち昇殿できる者を、公卿《くぎょう》のほかに四位《しい》と五位《ごい》のみとし、政治の中枢に参画できる官人を定めたのです。昇殿できる者は「殿上人《てんじょうびと》」、昇殿が許されない者は「地下《じげ》」と呼ばれました（29ページの図を参照）。なお、六位《ろくい》相当であっても蔵人《くろうど》は天皇の秘書に相当する職務だったことから、特例として出勤の日だけは殿上人としてあつかわれました。この昇殿制は天皇の権威を高め、これ以降の平安時代の重要な身分制度となっていきます。

政治機構においては、それまで天皇の機密事項をあつかっていた蔵人所《くろうどどころ》に、儀式の推進や、宮中の警備、雑事など

の職務を加えることで、天皇は蔵人所を通じてさまざまな指示を出しやすくなりました。その蔵人所に属する「滝口《たきぐち》の武士」と呼ばれる天皇直属の武人たちを新たに配備したのも特徴の一つです。当時の平安京には盗賊《とうぞく》や強盗団などが出没し、治安が悪かったため、宮中の警備や天皇の護衛を滝口の武士に担当させたのです。清涼殿の東庭《とうてい》の北にある、雨水が流れ出る場所の近くに詰所《つめしょ》があったのが呼び名の由来です。

人材面において宇多天皇は政務に長けた人物を積極的に登用します。たとえば、国司として手腕を発揮した藤原南家に連なる藤原保則《やすのり》を左大弁《さだいべん》に、令外官である文章博士《もんじょうはかせ》で、民部省の次官や国司などを歴任し、文人としても名高かった菅原道真《すがわらのみちざね》を蔵人頭《くろうどのとう》に抜擢《ばってき》しました。宇多天皇の道真への信頼はとくに厚く、道真は学者の家系の出としては異例ともいえる昇進を重ね、公卿となります。

国司の経験がある道真は地方の実情をよく理解しており、宇多天皇は道真の経験や意見を地方行政に取り入れていきます。税の未納が問題となっていた地方では、国司に過《か》酷《こく》な徴税のノルマを課すのではなく、たまった負債《ふさい》を一度に回収せず、規定の納付額に加えて負債を分割して納めさせるなど、現実的な政策を実施させました。

894（寛平《かんぴょう》6）年、道真は遣唐大使に任じられました。ところが、唐が衰退しているという情報を得ていた道真は、唐への渡航が危険であるとして、遣唐使の廃止を検討するよう意見書を朝廷に提出します。その結果、派遣は見送られ、907（延喜《えんぎ》7）年に唐が滅亡したことから、そのまま遣唐使は廃止となりました。

宇多天皇は道真を重用しながらも藤原氏から不興を買わないよう時平も厚遇し、大納言に昇進させています。道真と時平という両輪に支えられた親政は、のちの世において理想とされ、「寛平の治」と呼ばれるようになりました。

897（寛平9）年、かねてから仏教への信仰心が厚かった宇多天皇は、皇子の敦仁《あつひと》親王（母親は冬嗣のひ孫）に譲位します。その後、太上天皇の尊号を辞退したうえで出家したことから、「宇多太上法皇《ほうおう》（法皇）」と呼ばれるようになりました。これ以降、法皇という尊称は出家した太上天皇（上皇）に使われるようになります。

宇多天皇は譲位の際、まだ13歳だった皇太子に帝王学（特別な立場にある人物がそれにふさわしい能力を身につけるための教え）について記した書を与えます。そこには天皇としての心得をはじめ、日常の所作や儀式などにおける注意事項とともに、バランスよく人材を用いるよう書かれていました。これは後世において『寛平御遺誡《かんぴょうのごゆいかい》』と呼ばれ、天皇をはじめ、摂政・関白らが読むべき書とされました。

怨霊から神となった道真!?

敦仁親王は醍醐天皇として即位すると、父からの教えに従って菅原道真と藤原時平を重用します。899（昌泰《しょうたい》2）年には道真を右大臣に、時平を左大臣に任じて政治体制を整えました。とはいえ、宇多天皇という後ろ盾を失った道真は、藤原氏にライバル視され、ほかの貴族にねたまれるなど、朝廷内で孤立《こりつ》していきます。

901（昌泰4）年、道真に大宰権帥《だざいごんのそち》に就《つ》くよう突如として辞令がくだります。大宰府の長を補佐する官職ではありますが、この人事は左遷《させん》を意味しました。道真の娘が宇多法皇の皇子の妃であることに目をつけた時平が、「道真が娘婿《むすめむこ》の天皇への即位を計画している」と告げ口したのを天皇が信じてしまったのが原因ともされています。道真の左遷を知っておどろいた宇多法皇は、醍醐天皇に思い留まるよう説得しに大内裏へ駆けつけますが、門は閉ざされて会うことはかなわず、結局、道真を救うことはできませんでした。道真が左遷されたこの事件を「昌泰の変」といいます。

朝廷からの援助がなかった菅原道真の大宰府での生活は、衣食にも事欠く有様でした。着任から2年後の903（延喜3）年、道真はその地で没しました。

道真の死から3年後の906（延喜6）年、道真の失脚のきっかけをつくった2人のうち藤原定国《さだくに》が謎の死を遂げ、その2年後にはもう1人の藤原菅根《すがね》が病死します。909（延喜9）年には道真を失脚させた首謀者とされる時平が病死し、913（延喜13）年にはその協力者だった源光《ひかる》（仁明天皇の皇子）が鷹狩《たかがり》の最中に泥沼にはまっておぼれ死にます。ついには、醍醐天皇の皇子で皇太子だった保明親王《やすあきら》までも死去しました。恐怖《きょうふ》にかられた朝廷は、道真の官職を生前の右大臣にもどしたうえ、正二位《しょうにい》を贈りました。それでも、次に皇太子となった保明親王の5歳の皇子までが死去します。

そして極めつきは、930（延長《えんちょう》8）年の「清涼殿落雷事件」です。清涼殿に雷が直撃し、昌泰の変で時平に与《くみ》していた大納言の藤原清貫《きよつら》が胸に落雷を受けて即死したうえ、火災が発生して複数の公卿が負傷しました。この様子を目にした醍醐天皇はショックで体調をくずし、3カ月後に皇太子に譲位したのちすぐに死去してしまいました。道真の失脚にかかわったとされる人物が次々と命を落としたことで、人々はそれらが道真の祟《たた》りによるものだと噂《うわさ》します。

次に即位した朱雀《すざく》天皇の治世にあたる942（天慶《てんぎょう》5）年、朝廷は北野《きたの》（京都府京都市）に社殿を建立し、道真を祀《まつ》りました。これが北野天満宮の起源です。天満とは、987（永延《えいえん》元）年に一条天皇が死後の道真に対して贈った神号「北野天満大自在天神《だいじざいてんじん》」が由来で、天満宮とは道真を祀った神社を指します。道真が葬《ほうむ》られた安楽《あんらく》寺の境内《けいだい》にも天満宮が建てられました。これが現在の太宰府《だざいふ》天満宮（福岡県太宰府市）です。

のちに神号の〝天満〟と雷神への信仰とが結びつき、道真は天神（雷神）として崇《あが》められるようになり、また優秀な学者だったことから学問の神、さらには能筆家・歌人といった側面も取り込まれ、書道の神、文化・芸能の神として現在も信仰されています。

▶北野天満宮の本殿

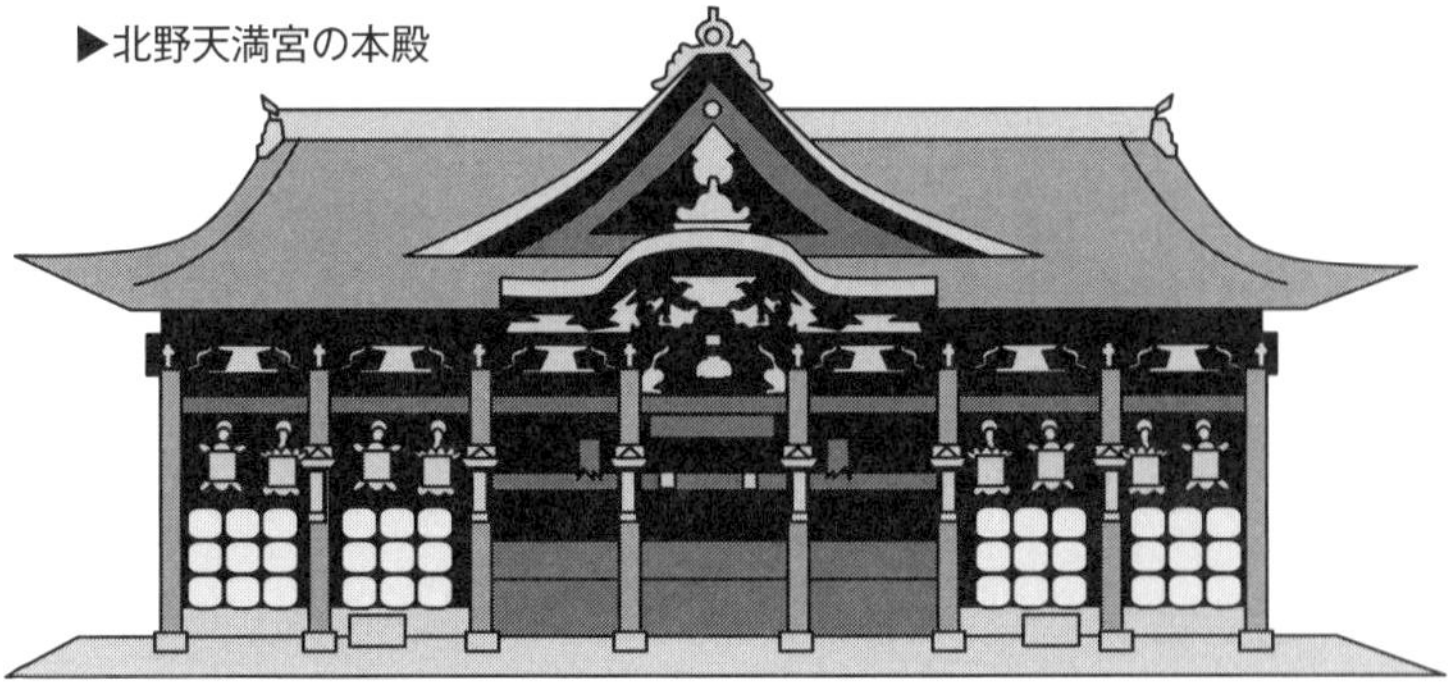

土地制度の移り変わり

話を醍醐天皇の治世にもどします。醍醐天皇は即位以来、関白を置きませんでしたが、藤原時平の補佐を受けながら、律令制にもとづく天皇を中心とした中央集権国家を維持するために財政を立て直そうと、902（延喜2）年に荘園《しょうえん》整理令（延喜の荘園整理令）を発しています。なぜこのような法令が出されたのか、それを知るには飛鳥時代に始まる日本の土地制度を知る必要があります。

645年の大化《たいか》の改新《かいしん》の詔によって、すべての土地と民は天皇の所有とされました（公地公民制）。701（大宝《たいほう》元）年には大宝律令の成立によって班田収授法《はんでんしゅうじゅ》が導入されます。「田を班《わか》って、授けて、（税を）収める」という法令の基本理念が示すとおり、戸籍にもとづき個人に耕作地（口分田《くぶんでん》）が与えられ、代わりに個人が租《そ》（米の収穫）、調《ちょう》（特産物）、庸《よう》（労働の代わりの物品）、雑徭《ぞうよう》（労役）といった形で税を負担する制度です。これらの税が国司らを通じて集められ、地方や中央の財源や労力となっていました。

ところが、9世紀後半ごろから班田収授法が機能しなくなりつつあったため、立て直しをはかるべく、醍醐天皇のもとで延喜の荘園整理令が発せられたのです。その主な内容は、897（寛平9）年以後に天皇家の財源で開墾された土地（勅旨田《ちょくしでん》）の廃止や特定の納税者を見逃す国司への処罰などです。しかし、現場責任者である国司に任せきりであったことから法令は徹底されず、問題の解決には至りませんでした。

そこで朝廷は9世紀末から10世紀前半にかけて、戸籍にもとづく徴税に代わり、国司が一定額の税を国に納めれば担当する国（任国《にんこく》）の統治を任せる（国司請負《うけおい》）という方法を採用します。この新制度によって国司自身が任国の実情に沿って徴税率を決められるようになります。なお、その国司には上から「守《かみ》」「介《すけ》」「掾《じょう》」「目《さかん》」という4つのランクが存在しました。一般的に国司といえば最上位の守を指し、彼らは「受領国司《ずりょう》」、または「受領」と呼ばれました。受領とは、新しく赴任《ふにん》した国司が前任者の担当を引き継ぐ、という意味に由来します。

この国司が徴税の対象とした田地を「名田《みょうでん》」といいます。国司が有力農民（田堵《たと》）に一定期間、名田の耕作を請け負《うお》わせます。名田には「負名《ふみょう》」と呼ばれる田を請け負った人物の名前がつけられました。この負名にもとづいて国司が田堵から徴税する「負名体

◉土地制度の変遷（7世紀 ～ 10世紀）

改新の詔	646年	すべての土地は天皇の所有とされる。
班田収授法	701年	6歳以上の男女に耕地（口分田）が与えられる。
三世一身《さんぜいいっしん》の法《ほう》	723年	新たに開墾した者にその土地の所有権を3代にわたって認める。
墾田永年私財法	743年	新たに開墾した者にその土地の所有権を永久に認める。

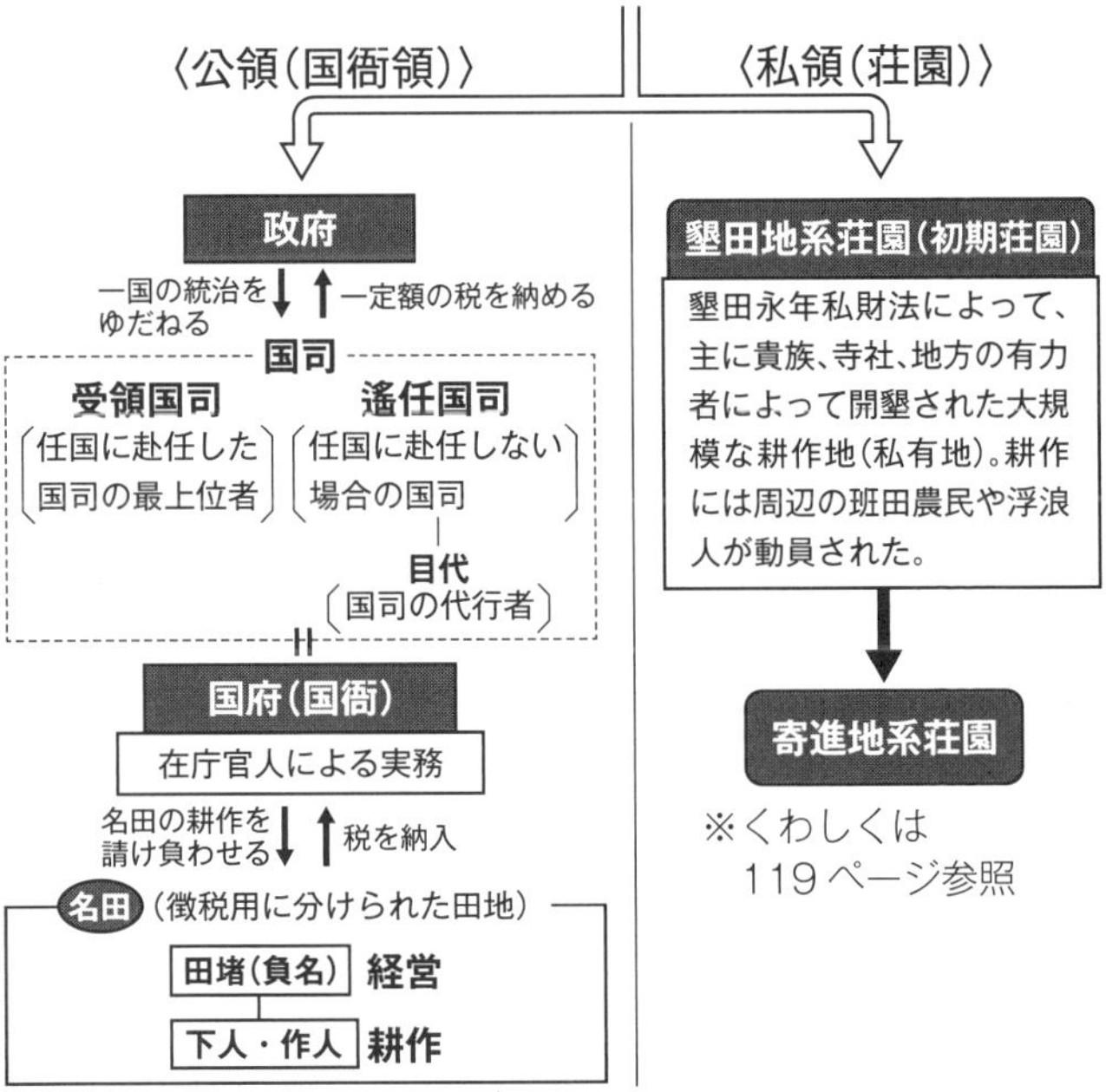

※くわしくは
119ページ参照

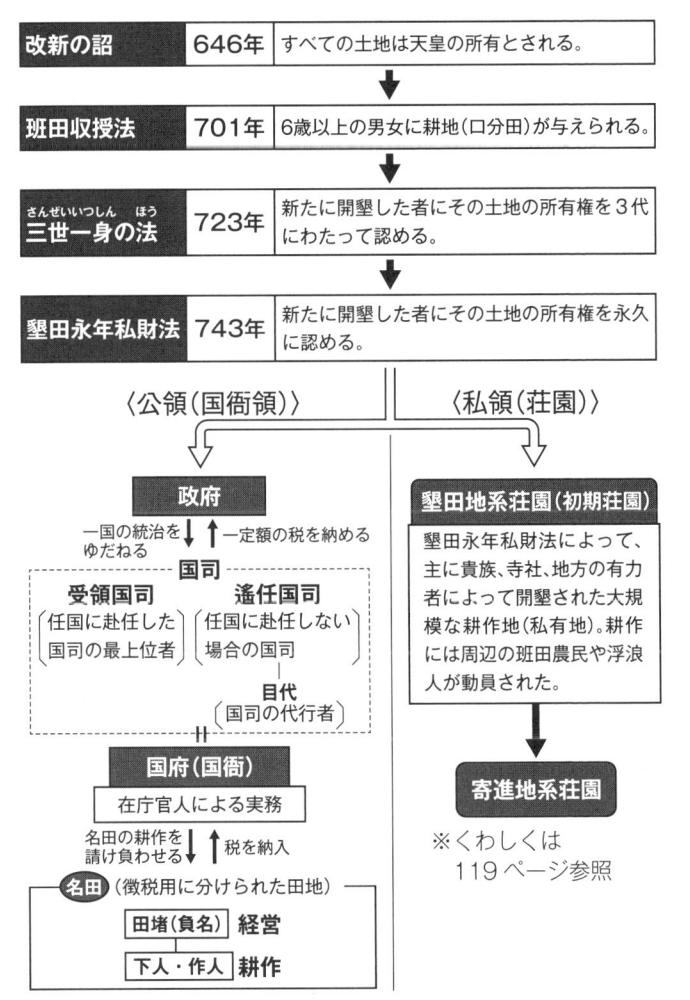

制」になったことで、徴税は戸籍を基準にするのではなく、田堵の持つ土地の広さを基準にするものへと変化したのです。

受領は主に朝廷から派遣された中級・下級貴族でした。彼らは貴族としての収入が多かったわけではなかったことから、新制度の導入によってみずから徴税率を決められるようになると、なかには権限を笠《かさ》に着《き》て蓄財に走る者も現れます。このことは、旨味《うまみ》のなかった国司という官職が大いに利権に絡《から》むようになったことを意味しました。

すると中級・下級貴族は受領になるため、または再度任官される（重任《ちょうにん》）ために、朝廷が所有・管理する建物や寺社の修理造営などの公共事業に私財を投じました（成功《じょうこう》）。しかも任官されても現地に赴任せず、「目代《もくだい》」という代理人を派遣して、自身は収入だけを得るという「遙任国司《ようにんこくし》」まで現れるようになります。

さて土地の種類としては、国の管理下にあった土地（公領《こうりょう》または国衙領《こくがりょう》）とは別に、貴族や大寺院などが所有する「荘園」も存在していました。荘園とは、開墾した土地の永久的な所有を認めるという743（天平15）年に発布された法令（墾田永年私財法《こんでんえいねんしざいほう》）にもとづいて開発された私有地で、「墾田地系荘園」や「初期荘園」とも呼ばれます。

しかし、これら荘園には専属で耕作する者がおらず、主に周辺の農民に貸し出す形で運営されていたため、9世紀には衰退していました。

そのような状態だった荘園が10世紀から変化し始めます。上級貴族や大寺院はみずからの権威を盾《たて》にして、国司の独自の判断で免税（不輸《ふゆ》）を認めてもらう「国免荘《こくめんのしょう》」という荘園を持つようになったのです。ただし、その効力はその国司の在任中に限られたため、国から太政官符《だいじょうかんぷ》（太政官が各省や諸国に命令を通達する際に発行した文書。略して官符とも）や民部省符《みんぶしょうふ》（太政官に属する民部省が発行した文書）を発行してもらい、免税を安定的に国に公認してもらう「官省符荘《かんしょうふしょう》」も登場しました。

以降、このような特権が認められた荘園が拡大していく一方で、国が徴税対象としている土地（公領）が減り、国家財政はますます苦しくなっていくのです。

後世たたえられる治世

醍醐天皇は土地制度の見直しだけでなく、『延喜格式《えんぎきゃくしき》』の編纂《へんさん》も命じています。これは先に編纂されていた『弘仁格式』『貞観格式』のうち、式（法令の細則）を選び直して改定し、それ以降の重要な格（法令）を集めたもので、藤原時平によって907（延喜7）年に完成しました。これらの格式は「三代格式」と総称されています。

さらに醍醐天皇は天皇による統治の正統性を示そうと、法令の編纂事業以外に、日本の歴史の編纂を命じ、『日本三代実録《さんだいじつろく》』が著されました。奈良時代に成立した『日本書紀』をはじめ、国によって編纂された歴史書（正史《せいし》）はこの『日本三代実録』まで六つあることから、「六国史《りっこくし》」と総称されています。また、日本初となる勅撰《ちょくせん》和歌集である『古今和歌集』が編まれたのも醍醐天皇の命令によるものです。

その醍醐天皇の病没後に即位した朱雀天皇はまだ8歳だったため、母方の伯父《おじ》にあたる藤原忠平《ただひら》が摂政を務めました。936（承平《じょうへい》6）年に太政大臣に任じられた忠平は、天皇が成人すると関白として補佐します。このときから、成人前の天皇は摂政が、成人後は関白が補佐するという形式が定着しました。16年におよぶ朱雀天皇の在位中、摂政・関白を務める忠平の立場をおびやかす者は現れませんでした。

ただし、朱雀天皇の治世における国内情勢は不安定でした。各地で水害や干ばつなどの自然災害が相次ぎ、盗賊《とうぞく》や海賊が出没します。さらには、ほぼ同時期に西国《さいごく》と東国で大規模な反乱が起こったからです（くわしくは後述）。その反乱への恐《おそ》れもあり、朱雀天皇は946（天慶9）年に同母弟に譲位しました。こうして即位したのが村上《むらかみ》天皇です。村上天皇も忠平を関白としましたが、忠平の死後は関白を置きませんでした。

村上天皇も醍醐天皇と同様、文化事業を推し進めたことで知られます。和歌所《どころ》を設置して勅撰和歌集である『後撰《ごせん》和歌集』の編纂を命じ、960（天徳《てんとく》4）年には「天徳歌《うた》合《あわせ》」という、後世の歌合の手本とされるほど華やかな催《もよお》しを開いています。

このように醍醐天皇と村上天皇の治世は、藤原氏が権勢を増していくなかにあって親政が行われていたことや、文化事業の推進が後世において評価され、2人の天皇が在位した元号から「延喜・天暦《てんりゃく》の治」としてたたえられています。とはいえ、醍醐天皇は時平に、村上天皇は忠平の長男である実頼《さねより》と二男の師輔《もろすけ》によく補佐されており、藤原氏の助けがあってこその親政だったというのが実態でした。

朝廷に衝撃を与えた東西の乱

寛平の治や延喜・天暦の治などの政治改革による変化にともない、社会には〝武力を用いて戦う人々〟が新たな勢力として台頭してきます。

とくに地方では、土着した国司の子孫や地方の豪族を中心に、一族や郎党《ろうとう》と呼ばれる従者らで構成された武装集団が形づくられました。彼らは「兵《つわもの》」と呼ばれ、自勢力の維持・拡大のために近隣の勢力と争ってさらに力を増大させ、権力を後ろ盾として悪政を強《し》いる受領国司に対抗します。

畿内《きない》とその周辺の豪族の子弟で武芸に秀《ひい》でた者のなかには、有力貴族に仕える者もいました。滝口の武士として任官される者もおり、天皇や貴族の護衛、宮中や都の警護を担《にな》いました。一般に、戦うことで暮らしている者が「兵」で、公の権力に仕えて武力で地方を支配する役割の者が「武士」と呼ばれ、両者は同じ立場を指すわけではありません。これらの勢力は同族を中心に団結し、より大きな勢力を形成していきました。たとえば、臣籍降下した桓武天皇のひ孫で桓武平氏《かんむへいし》の祖である平高望《たいらのたかもち》（高望王《たかもちおう》）は上総介《かずさのすけ》（現在の千葉県中央部にあたる上総《かずさ》国の国司）を務め終えたあと現地に土着し、その子孫らは関東各地に地盤を築いていきます。

関東に土着した桓武平氏は、10世紀になると同族で争いをくり広げるようになります。

そのうちの1人が平高望の孫にあたる平将門《まさかど》です。土地をめぐって叔父の国香《くにか》を殺害したほか、国司ともめていた常陸《ひたち》国（現在の茨城県）の豪族である藤原玄明《はるあき》に助けを求められると、939（天慶2）年に常陸国の国府を襲撃しました。

国府を襲った将門は、いっそ関東全域を手中に収めようと、精強な騎馬兵を率いてまたたく間に上野《こうずけ》国（現在の群馬県）と下野《しもつけ》国（現在の栃木県）の国府を攻め落とすと、関東の支配者としてみずからを〝新皇《しんのう》〟と称します。

国府への襲撃や新皇を名乗った反逆者である将門を討つべく、朝廷は940（天慶3）年に軍を派遣します。ところが討伐軍が到着する前に、国香の子である貞盛《さだもり》と下野国の豪族である藤原秀郷《ひでさと》らの軍勢によって将門は討たれ、乱は終息しました。

ほぼ同時期、西国でも反乱が起こっていました。役人として瀬戸内海の海賊を取り締まっていた藤原純友《すみとも》が海賊の首領となり、伊予《いよ》国（現在の愛媛県）の日振《ひぶり》島を拠点に、淡路《あわじ》国（現在の兵庫県の淡路島）や讃岐《さぬき》国（現在の香川県）の国府のほか大宰府まで襲撃し、瀬戸内海沿岸を荒らしまわっていたのです。一説に純友は藤原北家《ほっけ》の出身とされていますが、なぜ海賊の首領になったかは定かではありません。

朝廷は小野好古《おののよしふる》（小野篁《たかむら》の孫で小野道風《みちかぜ》の兄）を追捕使《ついぶし》（盗賊や反乱者を追って捕える役職）の長官に、源経基《つねもと》（清和源氏の祖）を次官に任じて討伐軍を派遣します。純友の勢力は大きく、2年後の941（天慶4）年に純友を捕らえ、反乱は収まりました。純友は獄中《ごくちゅう》で死去したとされます。

この「平将門の乱」と「藤原純友の乱」は、反乱が起こった時期の元号からひとまとめに「承平《じょうへい》・天慶《てんぎょう》の乱」といわれます。ただ近年は、承平年間（931～938年）に反乱は起こっていなかったとして「天慶の乱」と呼ばれるようになっています。

二つの反乱は朝廷に衝撃を与えました。国の軍事力の低下と地方の武士の実力を思い知った朝廷は、武士を国司のもとに組織したり、諸国の追捕使や押領使《おうりょうし》

そのころ、世界では？

936年、高麗が朝鮮半島を統一する

統一王朝である新羅《しらぎ》の権威が衰え、半島各地にさまざまな勢力が興るなか、名家の出身である王建《おうけん》が台頭し、918年に高麗《こうらい》を建国します。その後、王建は各勢力を倒し、朝鮮半島を統一しました。

◉東西で起こった反乱

〈平将門の乱〉

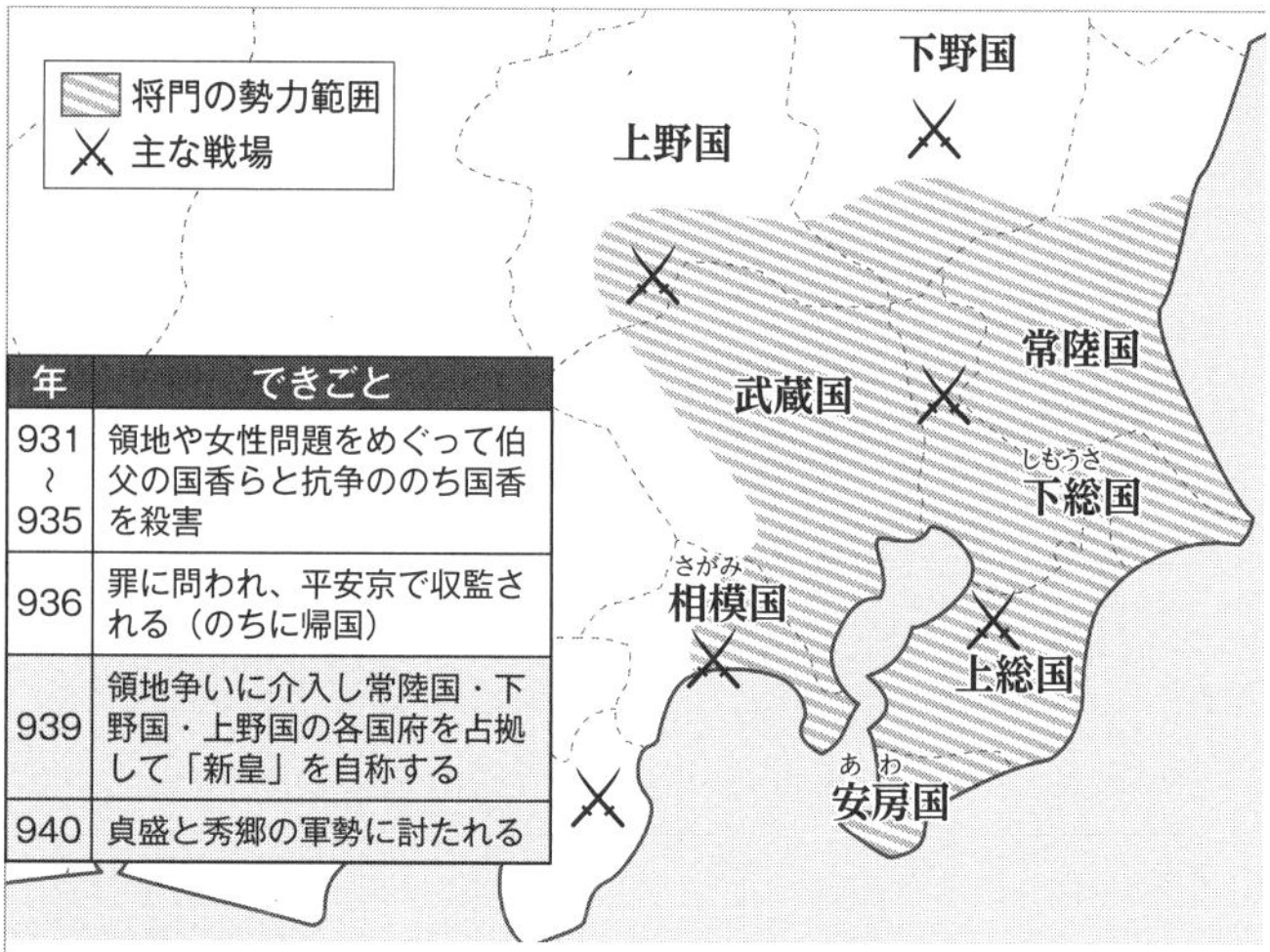

年	できごと
931〜935	領地や女性問題をめぐって伯父の国香らと抗争ののち国香を殺害
936	罪に問われ、平安京で収監される（のちに帰国）
939	領地争いに介入し常陸国・下野国・上野国の各国府を占拠して「新皇」を自称する
940	貞盛と秀郷の軍勢に討たれる

〈藤原純友の乱〉

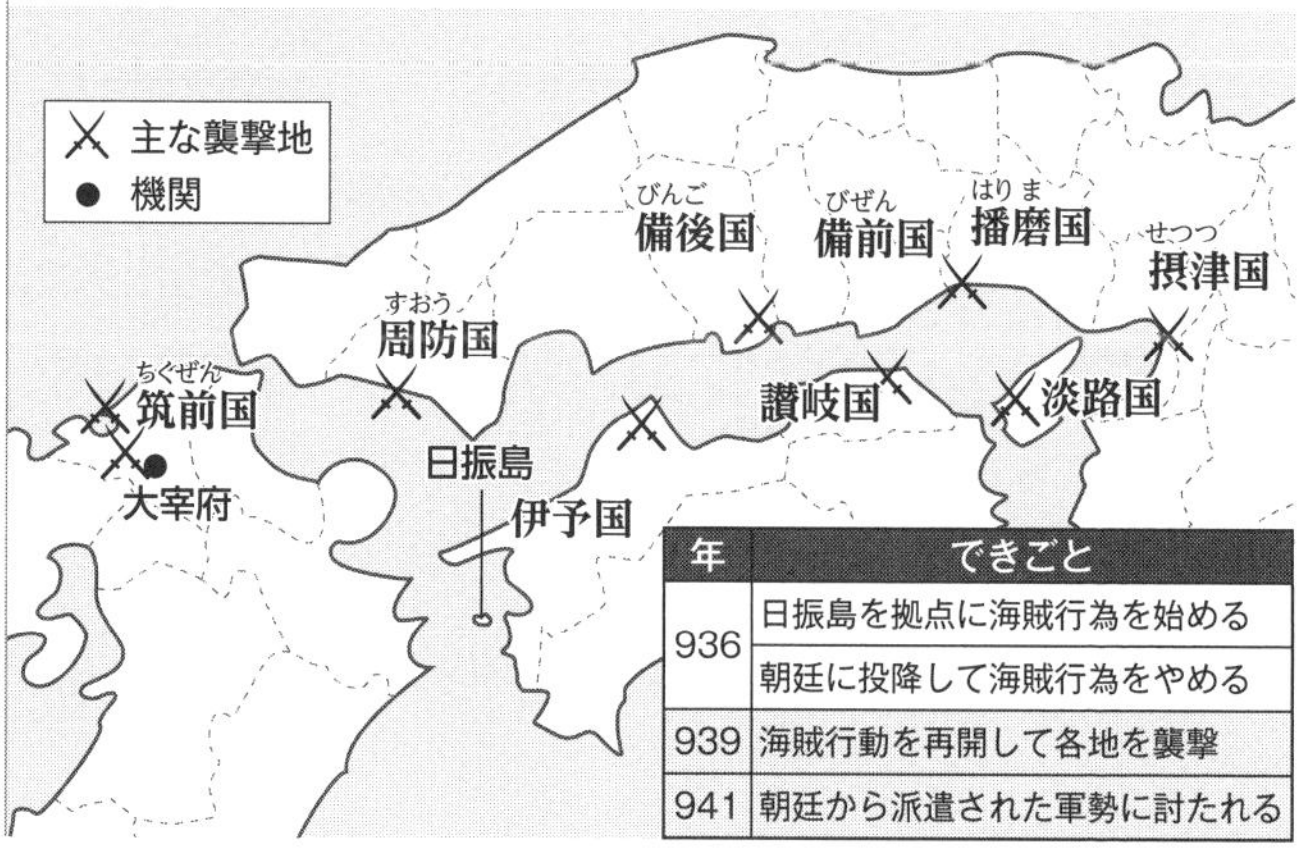

年	できごと
936	日振島を拠点に海賊行為を始める
	朝廷に投降して海賊行為をやめる
939	海賊行動を再開して各地を襲撃
941	朝廷から派遣された軍勢に討たれる

（内乱などで兵士を統率する役職）に任命するなどして、支配体制に組み込んでいきました。

藤原氏による最後の他氏排斥

村上天皇が967（康保《こうほう》4）年に死去すると、皇子の憲平《のりひら》親王が冷泉《れいぜい》天皇として即位しました。冷泉天皇は病弱なうえ、心の病をわずらっていたとされます。そこで氏長者の藤原実頼が、太政大臣兼関白として天皇を補佐しました。このころには、太政大臣になった者が関白に就任し、朝廷の最高権力者となることが既定路線となっていました。この実頼は忠平の子であり、すでに死去していた弟の師輔は冷泉天皇の母方の祖父にあたります。左大臣には醍醐天皇の皇子だった源高明《たかあきら》が、右大臣には実頼の異母弟の師尹《もろただ》が就いていました。

生前の村上天皇は、冷泉天皇の次の天皇として高明の娘婿でもある為平《ためひら》親王を皇太子にしようと考えていました。ところが冷泉天皇が即位すると、師尹は兄の師輔の孫にあたる守平《もりひら》親王を皇太子にしてしまいます（自身の娘を村上天皇の妻としたが、生まれた子は病弱だったり早世していた）。為平親王が高明の娘を妃にしていたため、将来、為平親王が天皇に即位して高明が外戚となり、権力を持つことを恐れたのです。

そのような状況下の969（安和《あんな》2）年、左馬助《さまのすけ》（武官。正六位下《しょうろくいのげ》に相当）で清和源氏に連なる源満仲《みつなか》と、武蔵《むさし》国の国司を務めたことのある藤原善時《よしとき》の密告で、官人の橘繁《しげ》延《のぶ》と源連《つらね》らが為平親王の天皇への擁立をくわだてているとして捕まります。この際、高明も関わっているとして大宰権師（長官である大宰帥《だざいのそち》に代わって政務を行う。従三位《じゅうさんみ》に相当）に左遷となり、繁延と源連も流刑となりました。

密告をきっかけに高明らが失脚したこの事件を「安和の変」といい、政敵だった高明を追い落とすために師尹が仕組んだと考えられています。高明が朝廷を去ったのち、左大臣の座には師尹が就き、満仲と善時も昇進します。

安和の変は藤原氏による他氏排斥《たしはいせき》の最後のケースとなりました。なぜなら、何代にもわたって藤原北家が天皇家の外戚となっていたことで、ついに北家をおびやかす氏族が朝廷に存在しなくなったからです。これ以降、藤原北家の出身者が摂政や関白などの要職を独占する政治体制が定着していきます。

ちょっとひと息

宮中で行われていた年中行事

さまざまな信仰にもとづく

平安時代の生活は、季節の変化の影響を大きく受け、人々は自然界の神々や祖先の霊《れい》の加護を強く信じていました。そして、当時用いられていた旧暦《きゅうれき》（太陽太陰暦《たいようたいいんれき》）にのっとり、宮中では日本古来の神道、国外から伝来した仏教や道教の影響を受けた行事が行われていました。

神道の行事として、元旦《がんたん》の早朝に天地や東西南北の神々、先祖の霊に対し天皇が拝み、厄災《やくさい》を祓《はら》って国の幸いを祈る四方拝《しほうはい》がありました。9月には稲の収穫を神に感謝する神嘗祭《かんなめさい》、11月には内裏で獲《と》れた穀物を神に奉《たてまつ》る新嘗祭《にいなめさい》、6月と12月の最終日には罪《つみ》や穢《けが》れを祓う大祓《おおはらえ》が行われていました。

道教の行事には五節供《ごせっく》があります。現代の節句の原型となったものです。人日《じんじつ》の節句では7種類の若菜を食し、上巳《じょうし》の節句では人間の身代わりに厄災を引き受けるとし

主な宮中行事

開催月	行事名（関連する信仰）
1月	四方拝（神道）＊ 人日（道教）
3月	上巳（道教）
5月	端午（道教）
6月	大祓（神道）＊
7月	七夕（道教） 盂蘭盆会（仏教）
8月	観月（神道・道教）
9月	神嘗祭（神道）＊ 重陽（道教）
11月	新嘗祭（神道）＊
12月	大祓（神道）＊ 追儺（神道）

＊の祭祀は現在も宮中で実施されている

て人形《ひとがた》（雛《ひな》）を川に流しました。端午《たんご》の節句では、邪気《じゃき》を祓うとされる菖蒲《しょうぶ》を用いた儀式などが催《もよお》され、七夕《たなばた》の節句では星に供《そな》え物《もの》をし、詩歌を披露《ひろう》するなどして技芸の上達を祈りました。重陽《ちょうよう》の節句では菊《きく》の花を鑑賞しつつ、宴《うたげ》が開かれました。

現代の私たちが行っている行事のなかには、宮中行事が起源となったものもあります。祖先の霊を供養《くよう》するために供え物をする盂蘭盆会《うらぼんえ》は、現在のお盆にあたります。旧暦の8月15日にあたる中秋《ちゅうしゅう》には、月を眺めながら詩歌を詠み、楽器を演奏する観月《かんげつ》が開かれていました。これは月見《つきみ》として定着していきました。

大晦日《おおみそか》には1年の邪気《じゃき》を追い払う追儺《ついな》という儀式が行われ、新年を迎える準備をしました。これが節分《せつぶん》の豆まきの起源です。

平安時代の偉人❷

実像は謎多き歌人

小野小町

Onono Komachi

9世紀ごろ

数多くの恋の歌を残す

明治期以降の日本において、たびたび「世界三大美女」の1人として小野小町の名が挙がります。しかしながら、その生涯は謎に包まれ、出羽《でわ》国福富《ふくとみ》の荘《しょう》（現在の秋田県湯沢《ゆざわ》市）の郡司の娘として生まれたとも、小野妹子の子孫で貴族であり漢詩人としても名高い小野篁の娘、あるいは孫だったともいわれています。

10世紀に成立した『古今和歌集』には、小町の和歌が18首収められており、序文には六歌仙が記されていて、そのなかで唯一の女性として名を連ねます。恋心を表した和歌が多く、同じ六歌仙に名を連ねる文屋康秀《ふんやのやすひで》、陸奥守《むつのかみ》や讃岐守を務めた安倍清行《あべのきよゆき》らと和歌を贈りあったことから、後世では数々の男性を惹《ひ》きつけた女性という解釈が定着しました。

さらにそこから「小町」は、現代において美しい女性を指す言葉となっています。

第三章

藤原氏の栄華

藤原氏が摂政・関白を独占

天皇が中心となって強大な権力で国家を統治する政治体制は、藤原良房《よしふさ》が登場したころから変化しつつありました。藤原氏が天皇を補佐し、時には政治を動かすようになったのです。10～11世紀ごろには摂政・関白という二つの令外官《りょうげのかん》を独占した藤原氏が政治を主導しました。こうした政治体制を「摂関《せっかん》政治」といいます。

平安時代前期にあたる光孝《こうこう》天皇と宇多《うだ》天皇の治世においては、両天皇の即位に尽力した功績として太政大臣《だいじょうだいじん》だった藤原基経《もとつね》が関白に任じられています。摂政や関白は当初、まだ幼い天皇を補佐したり、即位した天皇がその擁立《ようりつ》に貢献した見返りとして太政大臣だった良房や基経に与えた職務でした。つまり、太政大臣であることが関白への就任の前提条件とみなされていました。

ところが、基経の子である忠平《ただひら》が朱雀《すざく》天皇と村上《むらかみ》天皇の摂政・関白を約20年にもわたって務めるうち、それまでの「太政大臣であること」という前提条件が「天皇の外戚《がいせき》（母親の一族）であること」へと変化します。当時の貴族社会では、幼い子の養育や後見は母方の親族が行うのが慣例であり、娘を皇族に嫁《とつ》がせた藤原氏は天皇の外戚として摂政になって強い発言力を得たのです。忠平によって天皇が幼少の間は藤原氏が摂政となり、天皇が成人したのちは関白となる、いわゆる摂関政治と呼ばれる体制が成立したとされています。

安和《あんな》の変が起こって以降は、朝廷内に藤原北家《ほっけ》に対抗できる勢力はなくなり、忠平の子孫が摂政・関白を独占していくことになります。北家のなかでも摂政・関白が半ば公然と世襲された家系を「摂関家」、摂関家の主導のもとで政治が行われた時代を「摂関時代」といいます。

摂関政治が常態化するにつれ、朝廷における政治システムも変わっていきます。平安時代前期までは、政策について話し合う場に天皇が同席していましたが、摂関政治が始まった平安時代中期は、大臣以下、参議までの公卿《くぎょう》（29ページの図を参照）のみが定期的に内裏《だいり》に集まって話し合う（陣定《じんのさだめ》）ようになります。そこで任官（官職に任じること）や叙位《じょい》（位階の授与）、宮中行事といった重要事項が話し合われ、その結果を天皇が確認し、裁可する形が基本となりました。

摂関家内の権力争い

冷泉《れいぜい》天皇がわずか2年で退位すると、弟の守平《もりひら》親王が969（安和2）年に円融《えんゆう》天皇として即位します。摂政は引き続き藤原実頼《さねより》が務め、その実頼が死去すると、忠平の孫で天皇の伯父《おじ》にあたる藤原伊尹《これただ》が摂政に就《つ》きました。

円融天皇の成人後に伊尹が死去したのちは、伊尹の弟である兼通《かねみち》が権中納言《ごんちゅうなごん》から内大臣《ないだいじん》に抜擢《ばってき》されたうえ、内覧《ないらん》になりました。内覧とは、天皇に奏上すべき公文書に目を通して政務を代行する令外官で、実質的には摂政や関白と同等の立場といえるでしょう。のちに兼通は関白に就任しています。

兼通には兼家《かねいえ》という弟がいましたが、関白の座を争

そのころ、世界では？

962年、オットー１世が戴冠《たいかん》する

ザクセン朝の王だったオットー１世が勢力を拡大させるなか、オットー１世はローマ教皇にローマ皇帝の冠《かんむり》を授けられます。これにより、歴史上、「神聖ローマ帝国」が成立したとされています。

うなど兄弟仲は悪く、死の間際に兼通は兼家を左遷し、自身の後任として従弟《いとこ》の頼忠《よりただ》（実頼の二男）が関白となるよう動いたとされています。2年後に兼家は復職しますが、依然《いぜん》として頼忠が関白であり続けました。

984（永観《えいかん》2）年、譲位した円融天皇の次に即位したのが、冷泉天皇の皇子である花山《かざん》天皇で、天皇の外戚ではないにもかかわらず、頼忠が関白となっています。

さて、このころ、天候不順による凶作の影響で国家財政は逼迫《ひっぱく》していました。花山天皇はこれを立て直すべく、貴族による派手な宴《うたげ》や賭《か》け事《ごと》を禁じ、増えすぎた荘園を整理するなどの政策を実施します。また、天皇は和歌や絵画、造園などに造詣《ぞうけい》が深く、芸術的な才能のある人物だったようです。その一方、常軌《じょうき》を逸《いっ》した振る舞いをすることがあり、父の冷泉天皇に似て精神が不安定な一面もありました。

そんな花山天皇がお気に入りの妃を亡《な》くして落ち込み、世をはかなんでいると、藤原道兼《みちかね》がともに仏門に入ろうと花山天皇を誘い、密かに内裏から連れ出して出家させてしまいます。ところが誘った道兼は出家しませんでした。花山法皇がだまされたと気づいたときにはもう遅く、天皇にはもどれなくなっていました。じつは、花山天皇に出家をそそのかしたのは父である兼家の指示だったとされています。９８６（寛和《かんな》２）年に起こったこの事件を「寛和の変」といいます。

強引な方法で花山天皇を退位させたとされる兼家は、同年には自身の孫にあたる懐仁《やすひと》皇子を一条天皇として即位させ、みずからは摂政・関白の座に就きました。氏長者《うじのちょうじゃ》として摂関家のトップに立ち、その権力は兼家の子孫へと受け継がれていくことになります。

偶然などが重なり権力者に!?

ついに一条天皇の祖父として摂政となり、さらに氏長者となった藤原兼家でしたが、右大臣を辞します。摂政でありながら、太政大臣や左大臣よりも格下の右大臣だったことを気にしてのことでした。これにより摂政・関白であれば官職に就いていなくとも政治の実権を握っていられることが示され、これ以降、官職の兼任に限らず、摂政・関白が独立した職務として認められるようになりました。

兼家には正妻《せいさい》との間に５人の子（男子３人、女子２人）がおり、権力を行使して道隆《みちたか》、花山天皇をあざむいた道兼、そして道長ら息子たちを次々と昇進させていきます。９８

◉道長を中心とした系図

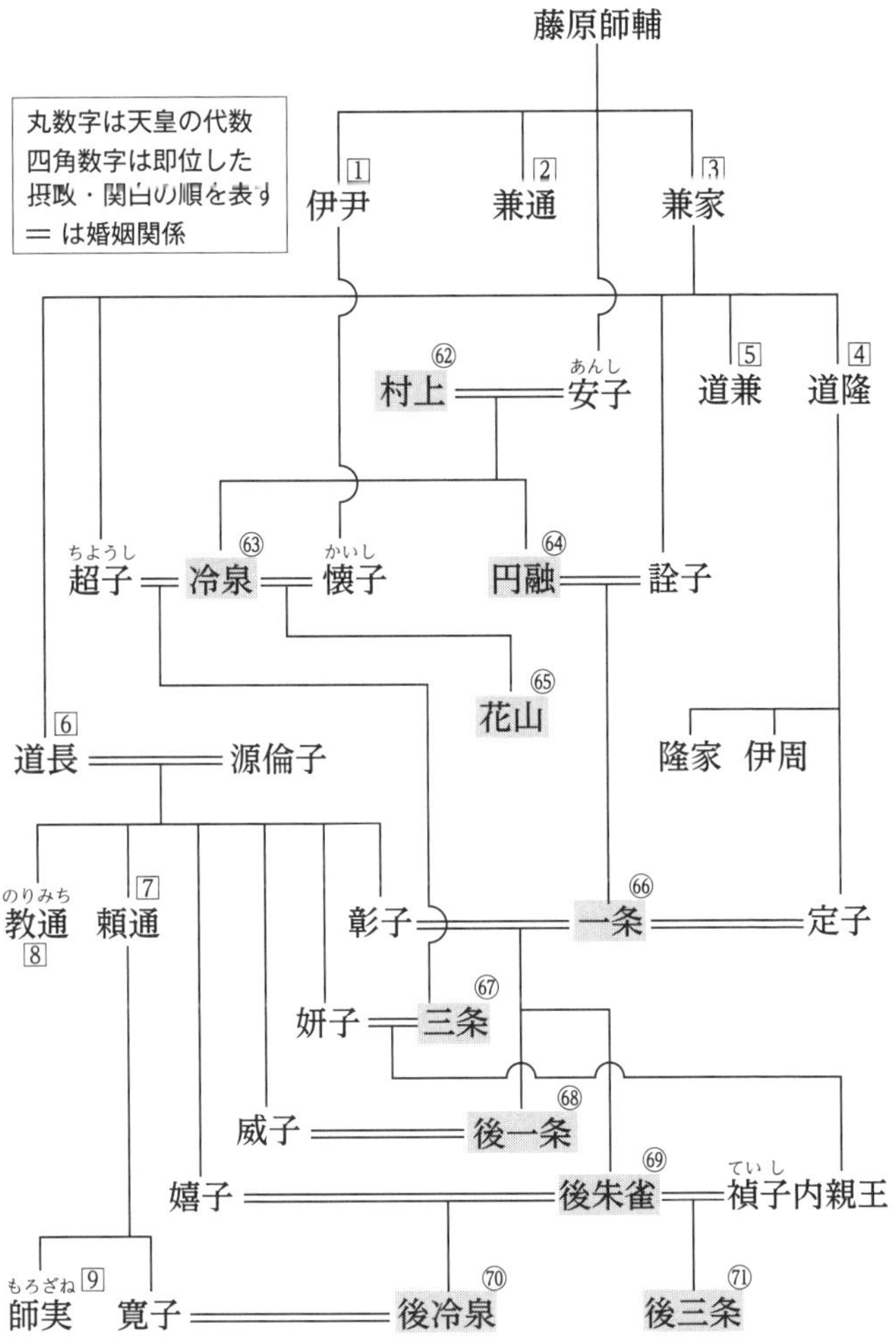
藤原師輔
丸数字は天皇の代数
四角数字は即位した摂政・関白の順を表す
＝ は婚姻関係
1 伊尹
2 兼通
3 兼家
62 村上
安子《あんし》
5 道兼
4 道隆
超子《ちょうし》
63 冷泉
懐子《かいし》
64 円融
詮子
65 花山
6 道長
源倫子
隆家
伊周
教通《のりみち》 8
7 頼通
彰子
66 一条
定子
妍子
67 三条
威子
68 後一条
嬉子
69 後朱雀
禎子内親王《ていし》
師実《もろざね》 9
寛子
70 後冷泉
71 後三条

9（永祚《えいそ》元）年に太政大臣、990（永祚2）年に関白に就任した兼家でしたが、病のために関白を道隆にゆずると、出家してまもなく没しました。

政権の座に就いた道隆は、娘の定子《ていし》を一条天皇の后《きさき》（正妻）とします。それだけでなく、長男の伊周《これちか》を矢継ぎ早に昇進させていきました。しかしその陰《かげ》で、自分たちより出世していく伊周のことを、叔父である道兼と道長は快《こころよ》く思っていませんでした。

道隆の栄華は長く続かず、酒好きがたたったのか、995（長徳《ちょうとく》元）年に病死します。父に代わって関白に任命されると考えていた伊周でしたが、叔父の道兼に関白の座を奪われました。ところが、その道兼が関白への就任から7日ほどで命を落とします。死因は疱瘡《ほうそう》（天然痘《てんねんとう》）と考えられています。995年の流行では、道兼を含めて70名近くもの貴族が病死したと伝わっています。

疫病《えきびょう》によって道兼のほか数多くの高位の貴族が命を落としたことで、権力争いは伊周と道長の一騎打ちとなり、内覧に任じられたことで道長に軍配《ぐんばい》が上がりました。背景には、道長の同母姉で一条天皇の生母だった詮子《せんし》の後押しがあったとされています。

伊周と道長の争いはその後もしばらく続きますが、両者の力関係を決定づけるできごとが起こります。伊周の弟である隆家が従者に命じ、伊周の恋敵《こいがたき》という人物を射かけさせたところ、それが誤解だったうえ射かけられたのが花山法皇であったため、大問題に発展したのです。伊周と隆家の妹で一条天皇の后だった定子もこの騒動に巻き込まれ、身ごもっていたにもかかわらず、ショックから出家してしまいました。

伊周・隆家の兄弟が左遷されたこの事件を「長徳の変」といいます。兄の死やライバルが墓穴を掘ったことで、道長はついに氏長者となり、権力の頂点に昇りつめました。

藤原道長の栄華

藤原道長は人間味あふれる人物でした。平安時代後期に成立した歴史物語『大鏡《おおかがみ》』に収録されている数々の逸話《いつわ》からは、深夜の肝試《きもだめ》しに平気で応じる豪胆《ごうたん》さや、政敵だった藤原伊周との弓比べでは勝つことへの執念《しゅうねん》や昇進への意志の強さが垣間《かいま》見られます。また和歌や漢詩を好み、『源氏物語』の熱心な読者だったことからは、文学に関心を持つ教養深い一面もあったことが示されています。

内覧となって権力をつかんだ道長でしたが、政治家として記録に残るような目立った政策を打ち出していません。そもそも対抗勢力がおらず、政情は比較的安定していたので、道長が政治的な成果を出す必要がなかったともいえます。

しかし、道長は自身の地位を盤石《ばんじゃく》にするための努力は怠《おこた》りませんでした。宇多源氏に連なる源倫子《りんし》や醍醐《だいご》源氏に連なる源明子《めいし》を妻に迎え、臣籍降下した元皇族との結びつきを強めました。政務に優れた4人の公卿（藤原公任《きんとう》、源俊賢《としかた》、藤原斉信《ただのぶ》、藤原行成《ゆきなり》）をはじめ、有力な公卿らと友好関係を築いています。さらに、政敵を失脚させてもとどめを刺さず、恨《うら》みを買わないよう配慮していました（呪詛《じゅそ》による仕返しを恐れたとも）。

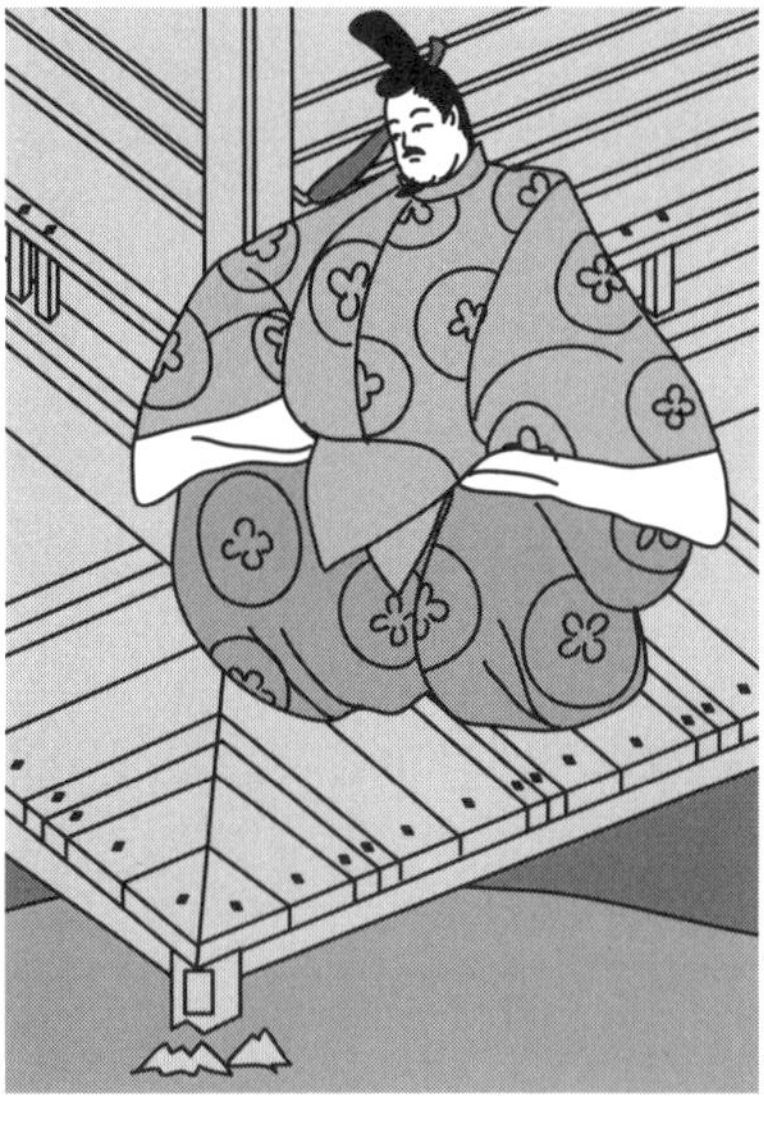

このように何事にも周到だった道長が強く望んでいたのは、長女である彰子《しょうし》を一条天皇の后にすることでした。そして1000（長保《ちょうほう》2）年、道長は彰子を半ば強引に一条

天皇の中宮《ちゅうぐう》とします。中宮とは、もとは皇后が暮らした場所を意味しましたが、皇后の別称となり、天皇の正妻を意味しました。彰子が中宮になると、中宮だった定子は「皇后」とされ、一条天皇は2人の正妻を持つことになったのです。これは前代未聞であり、この状態を「一帝二后《いっていにこう》」といいます。同年、定子が3人目の子の出産後すぐに死去したため、后は彰子のみとなりました。

1011（寛弘8）年に一条天皇が死去します。新たに即位した冷泉天皇の皇子である三条天皇は道長の二女の妍子《けんし》を妻とし、翌年に妍子は中宮となりました。道長はこの三条天皇の外戚ではなく、両者の関係は良好とはいえませんでした。そんななか、天皇が眼の病にかかります。これを理由に道長が譲位を迫ると、三条天皇は娍子《せいし》との間に生まれた敦明《あつあきら》親王を皇太子とすることを条件に退位します。

ところが、一条天皇と彰子との子、つまり孫である敦成《あつひら》親王を天皇にしたいという道長からの圧力を受け、敦明親王は皇太子の地位を放棄します。そうして1016（長和《ちょうわ》5）年に敦成親王が後一条天皇として即位し、天皇が幼少だったことから道長は初めて摂政に就任しました。

51歳になった道長は1017（寛仁元《かんにん》）年、嫡男《ちゃくなん》の頼通《よりみち》に摂政と氏長者の地位をゆずり、翌年に太政大臣となりました。道長の権勢は頂点を極め、さらに同じ年には三女の威子《いし》が後一条天皇の中宮となっています。これで彰子、妍子、威子という3人の娘が天皇の后になったわけです（一家三后）。

威子が後一条天皇の中宮となった祝いの席において道長は「この世をば　わが世とぞ思ふ　望月《もちづき》の　かけたることも　なしと思へば」という和歌を詠んだといいます。いわゆる「望月の歌」です。一般的には「この世で自分の思うようにならないものはない。満月に欠けるもののないように、すべてが満足にそろっている」という意味に解釈されています。また、近年は「今夜は心から楽しい。空の月は欠けていても私の月である后となった娘たちを混じえた宴席でみなと交《か》わす盃《さかずき》（杯／つき）は欠けていない（みながそろっている）のだから」という別の解釈も提唱《ていしょう》されています。

道長は1018（寛仁2）年、約2カ月で太政大臣を辞し、政治の表舞台から身を引きました。約20年にわたって権勢を維持した道長ですが、そのほとんどは左大臣と内覧としてであり、わずか1年で摂政も嫡男の頼通にゆずり、関白には就きませんでした。

ただし、頼通を後見しながら依然として政治の実権を握っていたことから〝大殿《おおとの》〟と呼ばれていました。

晩年の道長は、糖尿病からくるさまざまな合併症に悩まされていたといいます。1019（寛仁3）年に出家すると、余生を送るために創建した法成寺《ほうじょうじ》（京都市上京区《かみぎょうく》。現存せず）で暮らし、1027（万寿《まんじゅ》4）年に62歳でその生涯を閉じました。

道長の末娘にあたる嬉子《きし》は、1025（万寿2）年に敦良《あつなが》親王（のちの後朱雀《ごすざく》天皇）との間に皇子（のちの後冷泉《ごれいぜい》天皇）を産み、頼通は後朱雀天皇のもとで摂政・関白、さらに後冷泉天皇の関白も務めるなど、道長の一族の栄華はこの先もう少し続くことになります。

男性貴族の日常生活

さて、ここからは男性貴族の普段の1日を見ていきます。彼らの朝は早く、4時半ごろ～6時半ごろに起床します。起きてまず「具注暦《ぐちゅうれき》」という陰陽寮《おんみょうりょう》が発行する暦《こよみ》を見て、その日に取ってはいけない行動（禁忌《きんき》）などを確認します。たとえば、爪が伸びていても爪《つめ》を切るのに適した日でなかった場合、別の日にするといった具合です。

前日のできごとを記録するのも大事な日課でした。当時の貴族にとって公的行事や職務をスムーズに行うことは重要であり、子孫のために宮中における作法や儀式の順序などを日記や備忘録として記録する貴族が多かったのです。男性貴族が日々のできごとをつづったこれらの日記の中身は信ぴょう性が高く、当時の政治状況や宮中行事など、貴族社会の実情を知るうえで第一級史料となっているものも少なくありません。本書でもそこに書かれた内容を多く参考にしています。

身支度《みじたく》を整えて粥《かゆ》などの軽食を済ませると、公卿らは職場である内裏へ牛車《ぎっしゃ》で出勤します。なお、貴族ではない下級官人は彼らよりも先に出勤しています。

午前の間に陣定が行われると、午後はフリーとなります。メインの食事は2食で帰宅後の昼食と、自由時間を経て夕食をとります。夜に宴が開かれることもありました。藤原道長が主催したとある酒宴《しゅえん》では、泣《な》き上戸《じょうご》の内大臣、女官《にょかん》に絡む権中納言など公卿たちがさまざまな酒癖《さけぐせ》をさらけ出した様子が記録に収められています。

下級貴族は公卿など上司の機嫌をうかがい、良い待遇を得られることを期待して職務をこなし、現代でいうところの辞令にあたる「除目《じもく》」の発表を祈《いの》るような気持ちで待っていました。このようなところは現代社会と似ているのかもしれません。

後宮に仕える女性貴族

后やそれに準じる妃、皇族などが生活する「後宮《こうきゅう》」で働いていた女性たち（女官）の様子も見ていきましょう。後宮とは、天皇が清涼殿《せいりょうでん》で暮らすようになる平安時代中期以前に、天皇の生活の場だった仁寿殿《じじゅうでん》の背後に建っていた建物群の総称です。

後宮には後宮十二司《じゅうにし》という12の役所がありました。女官はそのいずれかに属し、皇族の衣食の世話をはじめ、書物・文具・楽器類・薬の管理、学問の講義などの職務が割りあてられます。ただし、男子禁制ではなく、后らの家族も出入りしていました。

女官のなかでも後宮に局《つぼね》（部屋）を与えられて住み込みで働く女官は「女房《にょうぼう》」と呼ばれました。平安時代の女性貴族は、邸宅で家人以外とは顔を合わせずに生活することがたしなみとされていましたが、中級・下級の女性貴族は女房となることがありました。よく知られている女房といえば、清少納言《せいしょうなごん》と紫式部《むらさきしきぶ》でしょう。２人は教養の高さを買われ、天皇の后に仕えました。彼女ら女房は掃除や食事の支度《したく》などを担当する女官とは違い、后やその実家から私費で雇《やと》われたとする説もあります。

随筆《ずいひつ》『枕草子《まくらのそうし》』の作者として知られる清少納言は、993（正暦4）年から1000（長保2）年まで一条天皇の皇后である定子に仕えました。天武天皇から臣籍降下した清原《きよはら》氏一族の出身という説もある下級貴族の清原元輔《もとすけ》が父親です。元輔はすぐれた詠《うた》い手《て》であり、平安時代中期の貴族で歌学者でもあった藤原公任《きんとう》が選び出した36人の歌人「三十六歌仙《さんじゆうろつかせん》」の1人でもあります。清原という姓と、家族か親戚にいた少納言とに由来して清少納言と呼ばれましたが、本名は不明です。定子から紙の束を与えられて何かを書くことを勧められ、後宮での自身の体験やできごとをつづるようになります。定子の教養の高さを示す逸話や、清少納言と上級貴族たちとの機知にあふれた駆け引きなどが描かれ、貴族の間で評判になりました。

この『枕草子』が書き始められたのは、定子の父である藤原道隆が死去し、兄である伊周が左遷されたあとの996（長徳2）年ごろです。実家の後ろ盾《うしろだて》を失って立場が不安定になっていく定子をなぐさめることが目的だったといわれます。出家した定子が内裏にもどって一条天皇との間に皇女、さらには皇子を産み、1000（長保2）年に第2皇女の出産直後に死去すると、清少納言も後宮を去りました。主人の死をいたむかのように作品は書き続けられ、1001（長保3）年ごろにほぼ完成したとされます。

次に紹介する『源氏物語』の作者の紫式部は、一条天皇の中宮である彰子に仕えました。同じ天皇の異なる后をそれぞれ主人に持った清少納言とはライバル関係にあったと誤解されがちですが、2人が後宮で同じ時期に働いていたことはありません。紫式部が彰子に仕えたのは、清少納言が後宮を去った5年後の1006（寛弘3）年ごろから1012（寛弘9）年ごろまでだからです。ただし紫式部の日記には、清少納言をきびしく評価している記述が見られることから、清少納言への対抗意識があったことが指摘されています。

紫式部は藤原北家の一門ですが、父である藤原為時《ためとき》は下級貴族でした。紫式部という名は本名ではなく、為時が式部省に務めていたことと、『源氏物語』の登場人物「紫《むらさき》の上《うえ》」に由来するとされています。後宮に出仕《しゅつし》する以前から書いていた『源氏物語』は宮廷で評判となり、その高い教養に目をつけた藤原道長に請《こ》われて彰子の女房となりました。出仕して以降も宮中で見聞したことを参考に書き続けられた『源氏物語』は貴族たちを夢中にさせます。その後、11世紀初めに作品は完成したと考えられています。

都の庶民の暮らし

都の庶民であっても、生活はつつましいものでした。家を持つ者は少なく、狭く粗末な造りの長屋《ながや》に暮らすのが一般的で、毎日、夜明けに起床し、食事は朝夕の2回です。

男性の服装は狩衣《かりぎぬ》の一種の水干姿《すいかんすがた》が一般的で、上衣《うわぎぬ》の丸襟《まるえり》の前後を紐《ひも》で結び、裾《すそ》を絞《しぼ》ってはく小袴《こばかま》とともに着ます。前に開いた襟の部分を紐で結んだ上衣の直垂《ひたたれ》姿もよく見られました。庶民も貴族と同様に頭頂部を見せないよう萎烏帽子《なええぼし》や頭巾《ずきん》をかぶり、足にぞうりやわらじを履《は》くか、裸足《はだし》でした。女性は長く伸ばした髪を首の後ろで結び、広袖《ひろそで》や小袖《こそで》を着流して、その上から腰布を巻くこともありました。外出時には頭部と顔を隠

す市女笠《いちめがさ》や、着物の形をした一枚物の被衣《かつぎ》を頭からかぶるなどしました。

都に暮らす人の多くには役所で下働きをする「雑色《ぞうしき》」、さらに貴族に仕える「僕《やつがれ》」と呼ばれた使用人とその家族がいました。彼らの日常生活に欠かせないのが東市《ひがしのいち》と西市《にしのいち》でした。市は「市司《いちのつかさ》」という役人の監督のもと、月の前半には東市が、後半には西市が開かれ、正午から日没まで食料品や日用品が売買されていました。その市では「市人《いちびと》」「市女《いちめ》」と呼ばれる商売を許可された男女が働いていました。

店で働く商人以外に、行商女性の「販女《ひさぎめ》」などが物品を売り歩きました。荘園を所有する寺院によって集められた米や金銭を高利・無担保《むたんぽ》で貸す「借上《かしあげ》」という下級僧侶が行う金融業も存在しました。そのほかにも、武器、鍋《なべ》、農具をつくる鋳物《いもの》職人や木工職人・大工などの「工《たくみ》」、牛車で荷物を運ぶ「車貸し」や馬を使った「馬借《ばしゃく》」などの運搬《うんぱん》業もあったのです。

さらに、猿楽《さるがく》というものまねや曲芸などを行う芸能者、自身の身体に死霊《しりょう》を乗り移らせて話をするという口寄せを行う民間の巫女《みこ》、賭博《とばく》場を開いて手数料を稼ぐ博徒《ばくと》や遊女など、さまざまな商売を営む人々で都はにぎわっていました。

国交を閉ざすも続く民間の貿易

９世紀末から10世紀にかけて、東アジアの情勢は大きく変動します。８世紀半ばの安《あん》史《し》の乱ののち、今度は塩の密売人である黄巣《こうそう》を主導者とした大乱（黄巣の乱）が起こり、反乱軍に都の長安が一時占領されます。その後、からくも鎮圧できたものの10年におよぶ反乱で皇帝の権威は完全に失われた結果、９０７年に唐は滅亡しました。

唐の滅亡から五十数年の間に、後梁《こうりょう》、後唐《こうとう》、後晋《こうしん》、後漢《こうかん》、後周《こうしゅう》という王朝が成立しては滅亡したほか、その周囲に10の国が興亡したことから、これらをまとめて「五代十《ごだいじっ》国《こく》」といいます。各王朝と10の国のなかで日本と国交を結んだのは南方の呉越《ごえつ》国（現在の浙江《せっこう》省と江蘇《こうそ》省の一帯）だけでした。その関係も10世紀半ばに途絶えました。このとき、後周の有力武将だった趙匡胤《ちょうきょういん》が皇帝に即位し、９６０年に建国された宋《そう》が中国大陸の統一を押し進めており、国家存亡の瀬戸際《せとぎわ》にあった呉越国は日本とやりとりする余裕がなかったのです。結局、呉越国は９７８年に宋にくだり、滅びました。

唐の内乱に呼応するかのように、９世紀以降の朝鮮半島でも反乱が多発し、新羅の支配力が弱まると複数の国が誕生しました。そのうちの一つで９１８年に成立した高麗《こうらい》が争いを勝ち抜き、９３６年に朝鮮半島を統一します。さらに、渤海もモンゴル系の契丹《きったん》族が建国した遼《りょう》によって、９２６年に滅ぼされました。国交のあった唐、新羅、渤海《ぼっかい》という東アジアの諸国が10世紀前半に立て続けに滅んだのち、日本は東アジアに新たに成立した宋などの国々とは国交を持ちませんでした。

こうした諸外国の混乱に巻き込まれないよう、また来日する使節をもてなすための予算を削減する目的で、日本は9世紀末から公的な貿易を規制していました。大陸から商人が来日する間隔を定め、それを守らずに来航した場合は追い返すという具合です。とはいえ、民間レベルでの貿易がなくなったわけではありません。なぜなら、貴族たちは輸入品（唐《から》物《もの》）を珍重し、入手に躍起《やっき》となっていたから

◉東アジア（10～13世紀ごろ）

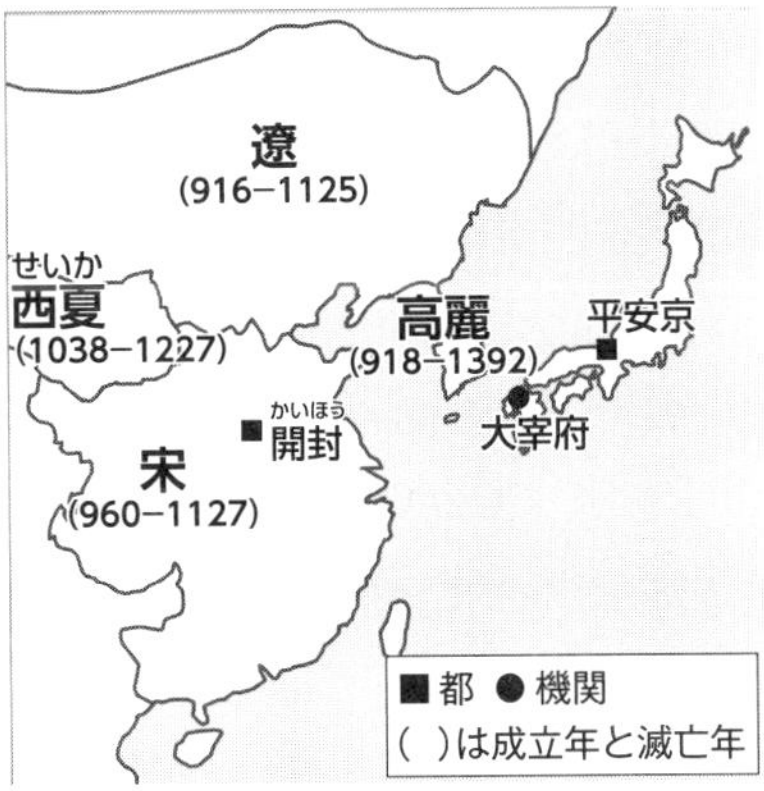

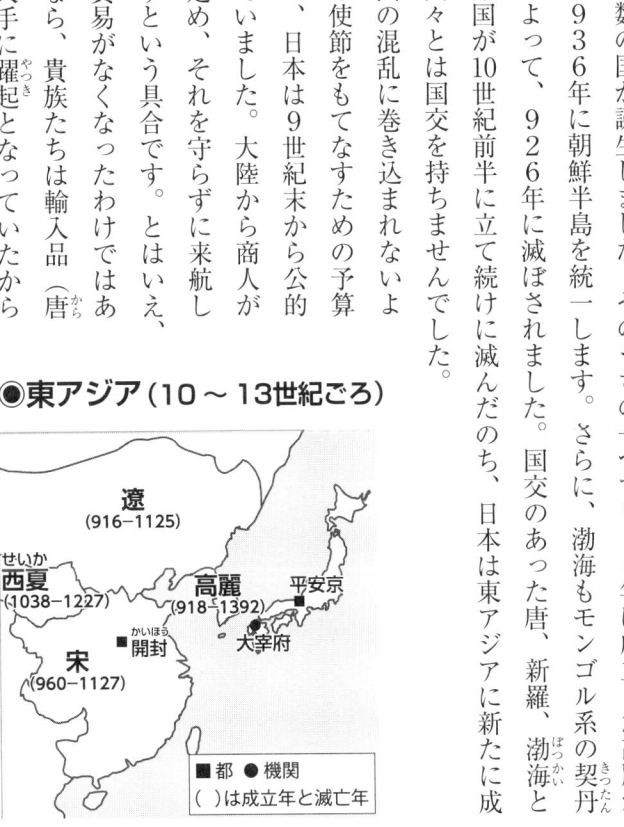

です。

有力貴族が唐物を入手するには、朝廷や天皇が貿易によって入手したものを貴族に分け与える、大宰府の官人が贈答品として差し出す、九州の受領国司や大陸の商人によって直接持ち込まれるなどのルートがあったとされています。

外国との窓口となる施設は飛鳥時代から存在しました。外国からの使節団の迎賓《げいひん》と宿泊の役割を兼ねた外交施設「鴻臚館《こうろかん》」が、平安京の東西にそれぞれに1カ所ずつ、難波《なにわ》（大阪府大阪市）、博多津《はかたのつ》（福岡県福岡市）に置かれていました。9世紀以降、外国の使節団が来日する回数が減ると、難波の鴻臚館は摂津《せっつ》国（現在の大阪府北中部と兵庫県の南東部）の国府として使用され、平安京の2カ所は廃止されます。残った博多の鴻臚館は、博多湾の防衛、民間レベルでの貿易の場、外国使節との交渉窓口として11世紀半ばごろまで機能しました。

海外から商人がやってくる一方、日本の商人が国外に出ることは基本的に認められていませんでしたが、大陸に渡った人物もいます。東大寺の僧侶だった奝然《ちょうねん》は、宋へ帰国する商船に便乗し、983（永観元）年に宋へ渡りました。奝然は宋の第2代皇帝である太宗《たいそう》に謁見し、同国における僧侶として最高の地位を授かります。帰国後、奝然は東大寺のトップにあたる別当にまでのぼりつめました。奝然のあとも、寂照《じゃくしょう》、成尋《じょうじん》、戒覚《かいかく》などの僧侶が大陸へ渡り、仏教を通じて交流を維持しました。

貴族も庶民もすがった教え

平安時代初期から、皇族や貴族を中心に現世利益を求める密教は厚く信仰されていました。10世紀以降には如来や菩薩《ぼさつ》が存在するという浄土、とくに阿弥陀如来《あみだにょらい》がいるとされる極楽浄土での生まれ変わり（極楽往生）を願う「浄土教」への信仰が急速に広まっていきました。

浄土教が人々に受け入れられた背景として、釈迦《しゃか》の入滅《にゅうめつ》（死去）から2000年後の1052（永承《えいしょう》7）年から仏法（仏教の教え）が衰えていき、世の中が乱れる時代（末法《まっぽう》）が到来するという「末法思想」の存在が挙げられます。天災が発生し、疫病が流行したこともあり、不安を感じる当時の人々の間で信じられるようになったのです。

その浄土教を広めた代表的な僧侶の1人として空也《くうや》が挙げられます。10世紀、諸国を行脚《あんぎゃ》したのち、延暦寺などの教団には属さずに都の東市や西市の門前などで「南無阿弥陀仏《なむあみだぶつ》」という念仏を唱えることを熱心に説いたことから「市聖《いちのひじり》」と呼ばれます。信仰はさらに貴族層にも拡大し、のちに空也は六波羅蜜寺《ろくはらみつじ》（京都市東山区《ひがしやま》）の前身である西光寺《さいこうじ》を建立しています。

また、天台宗出身の源信《げんしん》（別称は恵心僧都《えしんそうず》）は浄土教の教えを仏教書『往生要集《おうじょうようしゅう》』にまとめます。そのなかで解説する地獄や極楽浄土は、当時の人々の死生観に影響を与えました。私たちがよくイメージする地獄や極楽の様子もこの『往生要集』が元になっています。源信は念仏を唱えることを勧め、「厭離穢土《えんりえど》　欣求浄土《ごんぐじょうど》」（汚《けが》れた現世を厭《いと》い、浄土往生を願い求める）という極楽浄土に到達するための教えを説きました。それには極楽浄土の世界をイメージすること（観相《かんそう》）が重視されたため、極楽浄土をこの世に表現しようとする美術（浄土教美術）に強い影響をおよぼしました。

密教による「現世利益」に加えて「極楽往生」という死後の世界での安寧をも求めた熱心な信徒の貴族たちは、極楽浄土を具現化するために、建築・彫刻・絵画などに私財を投じ、それが浄土教美術の発展を支えることになりました。

建築の分野では、池を中心とする庭園と、その庭に対面するように西側に阿弥陀如来を安置する阿弥陀堂が配置された寺院が造営されました。代表的な寺院として、1052（永承7）年に藤原頼通が建立した平等院があります。

この平等院の鳳凰堂《ほうおう》（阿弥陀堂）に祀《まつ》られている阿弥陀如来座像は、当時の著名な仏師であった定朝《じょうちょう》の手による現存する唯一の像とされています。平安時代初期ごろまでの仏像は1本の木材を彫って継ぎ目なく仕上げる「一木造り」という技法によってつくられていました。しかし、定朝は仏像の各部位を別々に製作し、それらを寄せ合

▶平等院

わせて1体の像にする「寄木造り《よせぎ》」という技法を完成させました。これにより仏像の製作は、多くの仏師による分業、短時間での大量製作や大型仏像の製作が可能となり、当時の貴族たちの需要に応えることができるようになったのです。穏やかなうるわしさが表された仏像の彫刻様式は「定朝様《じょうちょうよう》」と称され、鎌倉時代に運慶《うんけい》・快慶《かいけい》らが登場するまで仏像彫刻の主流となりました。

絵画においては、極楽往生を願う人が臨終に際して阿弥陀仏が迎えに来るという様子を表した「来迎図《らいごうず》」が盛んに描かれました。なかでも高野山有志八幡講十八箇院《こうやさんゆうしはちまんこうじゅうはちかいん》が所蔵する『阿弥陀聖衆来迎図《しょうじゅ》』が傑作《けっさく》とされています。

国風文化が生まれた背景

10世紀以降の摂関時代を中心とした優美な貴族文化を「国風文化《こくふう》」と呼びます。平安時代前期は東アジア諸国との貿易がきっかけとなり唐風文化が花開きましたが、894（寛平《かんぴょう》6）年に菅原道真の建議によって遣唐使が中止されて以後、諸外国との国交は次々と途絶えました。このため、国風文化は「中国王朝との交流を断ち切ったことで形成された日本独自の文化」ととらえられがちです。しかし、それは正確ではありません。国交が失われたあとも、海外から文物の輸入や僧侶の留学などは続いており、海外の情勢も伝わっていたからです。

むしろ取り込まれた唐風文化が日本で育まれるうちに、人々の美意識や感性のベースは磨かれていきました。それと同時に、国交がなくなったことで自国と海外の国々との違いを意識するようになり、人々は〝日本人〟として自覚し始めたのです。こうして、海外からもたらされた文物をただ受け入れて模倣《もほう》するのではなく、それを吸収し、在来の文化と融合させて日本独自の形に昇華させていったものが、国風文化なのです。

かな文字で成立した「平安文学」

国風文化において日本文学が発展した要因に「ひらがな」と「カタカナ」という「かな文字」の成立があります。

すでに奈良時代には日本語の音を漢字で表記した文字が存在していました。それらは最古の歌集『万葉集《まんようしゅう》』で多用されたことから「万葉仮名《まんようがな》」といいます。この万葉仮名が簡略化されたものが、ひらがなです。宮中に出仕する女房などが書状や和歌のやりとりをする際に用いました。男性貴族は公の書類では漢字を使用するきまりがあったため、私的な場面でひらがなを使用しました。

一方、万葉仮名の一部を抜き出して簡略化したものがカタカナです。かな文字は万葉仮名とくらべてシンプルで書くのが簡単なうえ、漢字では表しきれない日本語の一音一音が表現できるようになったことで、その後の日本における文学の発展の下地となりました。

平安時代を代表する文学として和歌も欠かせません。奈良時代後期に『万葉集』が成立したのちに和歌は衰退しますが、漢詩文が盛んとなった9世紀前半ごろにも和歌は詠まれ続けていました。9世紀後半に活躍した代表的な歌人として、遍照《へんじょう》、在原業平《ありわらのなりひら》、文屋康秀《ふんやのやすひで》、

そのころ、世界では？

1054年、東西教会が分裂する

長らく対立していた西方教会と東方教会がたがいを破門したことでキリスト教は分裂し、現在のローマ・カトリック教会（西方教会）とギリシャ正教（東方教会）という宗派が成立することになりました。

喜撰《きせん》、小野小町《おののこまち》、大友黒主《おおとものくろぬし》などがよく知られています。この6人は、905（延喜5）年に成立したとされる『古今和歌集』の序文で、編者の紀貫之《きのつらゆき》が著名な歌人として取り上げたことから、のちに「六歌仙」と呼ばれるようになりました。

その『古今和歌集』とは、醍醐天皇の勅命《ちょくめい》（天皇の命令）によって紀貫之を中心に、さらに3人の選者（紀友則《きのとものり》、凡河内躬恒《おおしこうちのみつね》、壬生忠岑《みぶのただみね》）らが共同で編んだ日本で最初の勅撰和歌集です。1首が31文字によって表記された最初の和歌集ともされ、奈良時代末期から10世紀初頭の醍醐天皇の治世まで、六歌仙や選者の作品を含めた約1100首が収められています。素朴《そぼく》でおおらかな作風の『万葉集』とくらべ、四季や恋について詠まれた作品が多い『古今和歌集』は繊細《せんさい》かつ理知的で優美な作風であるのが特徴です。

勅撰和歌集の理想形とされるこの『古今和歌集』を含めた三つ目の勅撰和歌集までを「三代集」、さらには鎌倉時代に成立した八つ目の『新古今和歌集』までを「八代集《はちだいしゅう》」と呼び、優れた歌集として後世に伝わっています。

かな文字による多彩な文学作品が成立するようになったのは、摂関時代の全盛期にあたる10世紀半ばから11世紀半ばごろまでの約100年間の政情が安定していたことが要因として挙げられます。ほかにも、当時は通《かよ》い婚《こん》（夫婦が同居せず夫が妻のもとに通う）という婚姻《こんいん》の形態があるなかで、とくに正妻ではない妻が夫の長期不在の間に書き物ができたこと、天皇の后の教育係として集められた女房が執筆活動に励《はげ》む機会を与えられたこと、女性の

◉そのほかの主な文学作品

作品名	作者	成立時期	概要
和漢《わかん》朗詠集《ろうえいしゅう》	藤原公任	1013年ごろ	声に出して歌うのに適した日本と中国の和歌や漢詩文が収録されている
伊勢《いせ》物語	不詳	平安時代前期	貴族で歌人の在原業平《ありわらのなりひら》をモデルにしたとされる主人公が登場する、和歌と物語で構成された歌物語
土佐日記	紀貫之	935年ごろ	作者が女性のフリをして平安京に帰る道中をかな文字でつづった日記
蜻蛉《かげろう》日記	藤原道綱《みちつな》の母	10世紀後半	作者が藤原兼家と夫婦となり関係が絶えるまでをつづった日記
和泉《いずみ》式部日記	和泉式部	11世紀初頭	作者が敦道親王（冷泉天皇の皇子）との恋愛模様を歌物語風につづった日記
更級《さらしな》日記	菅原孝標《すがわらのたかすえ》の女《むすめ》	1060年ごろ	作者の40年にもおよぶ半生（宮仕えや結婚生活など）がつづられた日記
和名《わみょう》類聚抄《るいじゅうしょう》	源順《したごう》	10世紀前半	日本最古の漢和辞書であり、百科事典。名詞には読み方がふられている

歌人がすでに活躍していたことなどが、女性の書き手の出現をうながしました。

そのなかでも、清少納言の随筆『枕草子』と紫式部の長編物語『源氏物語』は平安時代の散文において双璧《そうへき》とされています。平安時代中期の宮中での生活や習慣のみならず、価値観に至るまでが表現され、読み物としての魅力はもちろん、史料としての価値も高く評価されています。『枕草子』は10以上、『源氏物語』は30以上にのぼる言語に翻訳《ほんやく》されており、その魅力は時代を超え、世界でも認められているのです。

“日本”が表現された芸術品

美術の分野においては、唐風の文化やその技法を基礎にした作品が誕生しています。平安時代半ばごろまでは、唐の風景など中国を題材とした絵画が数多く描かれ、それらは「唐絵《からえ》」と呼ばれました。対して、9世紀後半ごろより日本の四季を感じさせる風景や風物などを題材とした「大和絵《やまとえ》」が屏風《びょうぶ》や襖《ふすま》に描かれるようになりました。唐絵と大和絵の違いは、描かれる対象が中国由来か日本由来かという点です。

大和絵の著名な画家には巨勢金岡《こせのかなおか》、飛鳥部常則《あすかべのつねのり》らがいますが、作品は現存していません。そのため、現存する摂関時代以降の大和絵の傾向から当時の絵画の特徴を類推すると、人物の表情はふっくらとした顔立ちに線のような細い目と「くの字」をした鉤鼻《かぎばな》を持つ引目《ひきめ》鉤鼻で表現されていたようです。

また建物が描かれる際には、屋根や壁を省略して屋内を見せる「吹抜屋台《ふきぬきやたい》」という手法が用いられました。物語や寺社の沿革や由来などを書いた詞書《ことばがき》と、それに対応する場面の絵で構成された絵巻物には、人物や建物といった大和絵の表現手法が引き継がれています。12世紀ごろに成立した『源氏物語絵巻』『信貴山縁起絵巻《しぎさんえんぎえまき》』などがその代表例です。

硯箱《すずりばこ》や櫃《ひつ》（衣類や調度を納める箱）などをはじめとした貴族のさまざまな調度品に見られる「蒔絵《まきえ》」という漆工《しっこう》の技術もこのころ発達しました。塗《ぬ》られた漆《うるし》が乾かないうちに金銀などの金属粉を蒔《ま》くと、漆のある部分に金属粉が付着して模様がつくられるという技法です。仁和寺《にんなじ》（京都市右京区）が所蔵する10世紀に製作された「宝相華迦陵頻伽《ほうそうげかりようびんが》蒔絵《まきえ》塼冊子箱《そくさつしばこ》」が傑作として知られています。

9世紀の書の名手たちが「三筆《さんぴつ》」と呼ばれたように、10世紀から11世紀ごろの貴族で書の名手として知られた小野道風・藤原佐理《すけまさ》・藤原行成は、江戸時代以降に「三蹟《さんせき》」と呼ばれるようになりました。格調の高い洗練された和様（日本風）の書を大成した行成は、貴族からたびたび揮毫《きごう》（毛筆で文字を書くこと）を頼まれ、その代表作として鎌倉時代後期の伏見《ふしみ》天皇が愛蔵した『白氏詩巻《はくししかん》』が知られています。

統制できない荘園

担当国の徴税を中央政府から任された受領国司と手を組んで勢力を拡大した田堵《たと》（72ページ参照）のなかには、10世紀後半以降に勢力を拡大し、大規模な土地経営を行う「大名田堵《だいみょう》」へと成長した者もいました。この大名田堵が一定の土地を開発し、領有すると「開発領主《かいはつりょうしゅ》」と呼ばれるようになりました。当初こそ国司は新たな徴税先として開発領主を保護しましたが、彼らが成長するにしたがい、より多くの税を取ろうとします。

この動きに開発領主は、貴族や有力寺社に所領を寄進して国司からの徴税を逃れ、みずからはその寄進した土地（荘園）の管理者（荘官《しょうかん》）となりました。このような経緯で11世紀半ばごろまでに寄進された所領（荘園）のことを、墾田地系荘園と区別して「寄進地系荘園」といい、寄進を受けた荘園の領主は「領家《りょうけ》」と呼ばれるようになりました。

領家は荘園にかけられる税が免除される「不輸《ふゆ》」の権利、それでも国司が強引に彼らの荘園への立ち入り調査をするようなら、それを拒否する「不入《ふにゅう》」の特権を行使することで徴税をまぬかれます。

領家のなかには政治的地位の向上やさらなる利権を求めるため、または自分たちの力では荘園の特権が確保できない場合に、自分たち以上に力を持っている天皇家や摂関家に荘園を寄進する者もいました。そうして寄進された最上級の領家は「本家《ほんけ》」と呼ばれました。

そして領家か本家に関係なく、実質的に荘園を支配する権利を持つものを「本所《ほんじょ》」といいます。

◉寄進地系荘園の構図

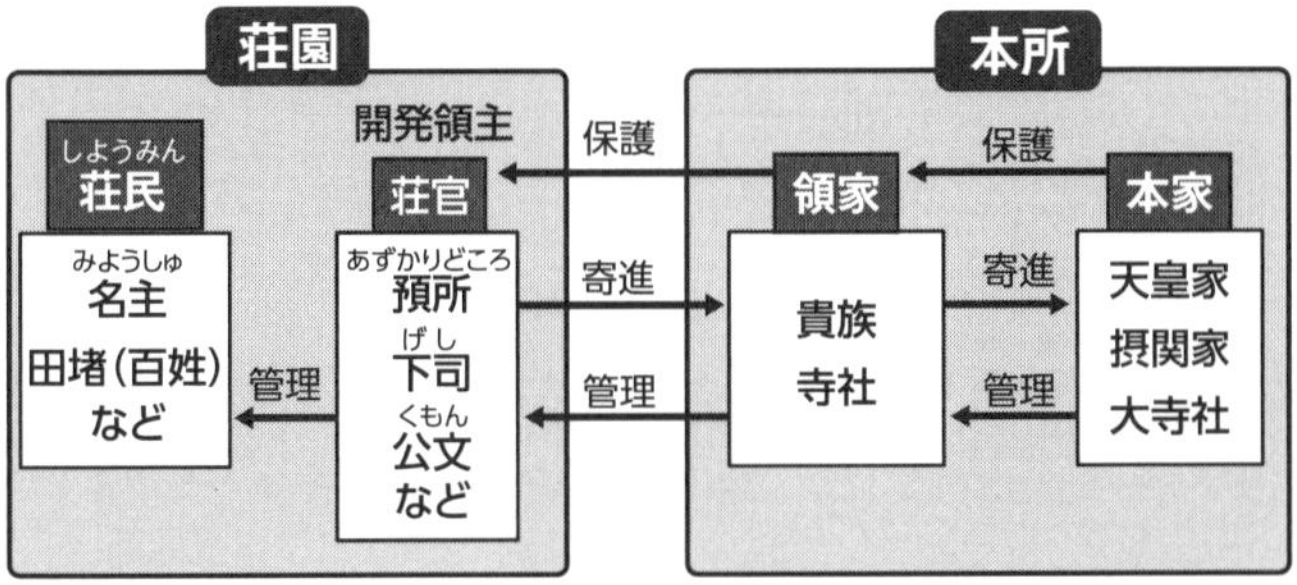

※保護……不輸・不入の権

中央政府が徴税できない荘園が乱立するなか、これを規制しようとする天皇もいました。まず902（延喜2）年に醍醐天皇が荘園整理令を発します。984（永観2）年には花山天皇が、1045（寛徳《かんとく》2）年には後冷泉天皇が、それぞれ荘園整理令を発しましたが、いずれも不徹底に終わりました。というのも、整理令を発した当初こそ荘園領主と国司は納税をめぐって対立しましたが、任期の終わりが近づくと国司は荘園領主である有力貴族と手を結び、荘園の免税を認めたからです。その見返りとして、国司は任期を終えた際に行われる朝廷による審査に合格できるよう便宜《べんぎ》をはかってもらい、再び国司として別の任地へと赴《おもむ》いたのです。

武士団の形成

平安時代中期における武士とは、家（一族）単位で戦闘を専門とする一種の職能集団でした。都では皇族・貴族の護衛や屋敷の警備、地方では主に国司や荘園領主のもとで警備員や警察官のような役割を果たしました。

武士団の多くは、源氏、平氏、藤原氏といった貴族の血を引く棟梁《とうりょう》（一族の長）のもと、分家や地方の豪族が家来となり、主従関係を結んでいました。当時はまだ武士道という言葉はありませんでしたが、武士の間では、死を覚悟して自己を鍛《きた》え、主従の関係や礼節、勇敢《ゆうかん》さ、質素な生活を重んじ、臆《おく》病《びょう》な態度や卑怯《ひきょう》なふるまいを恥《は》じるなどの価値観が定着していきます。

武士団のなかでも、まず勢力を拡大していったのが清和源氏《せいわげんじ》です。藤原純友《すみとも》の乱を鎮《ちん》圧《あつ》した源 経基《みなもとのつねもと》の子である満仲《みつなか》は、摂津国ほか5カ国の受領を歴任し、川辺《かわべ》郡多田《ただ》（現在の兵庫県川西《かわにし》市）に本拠となる多田院を築き、その長男である頼光《よりみつ》は摂津（多田）源氏の祖となります。二男の頼親《よりちか》は大和《やまと》国（現在の奈良県）を拠点として大和源氏の祖に、三男の頼信《よりのぶ》は河内国石川《いしかわ》郡（現在の大阪府羽曳野《はびきの》市）を拠点として河内源氏の祖になり、畿内《きない》を中心に地盤を固めました。

◉清和源氏の主な系統

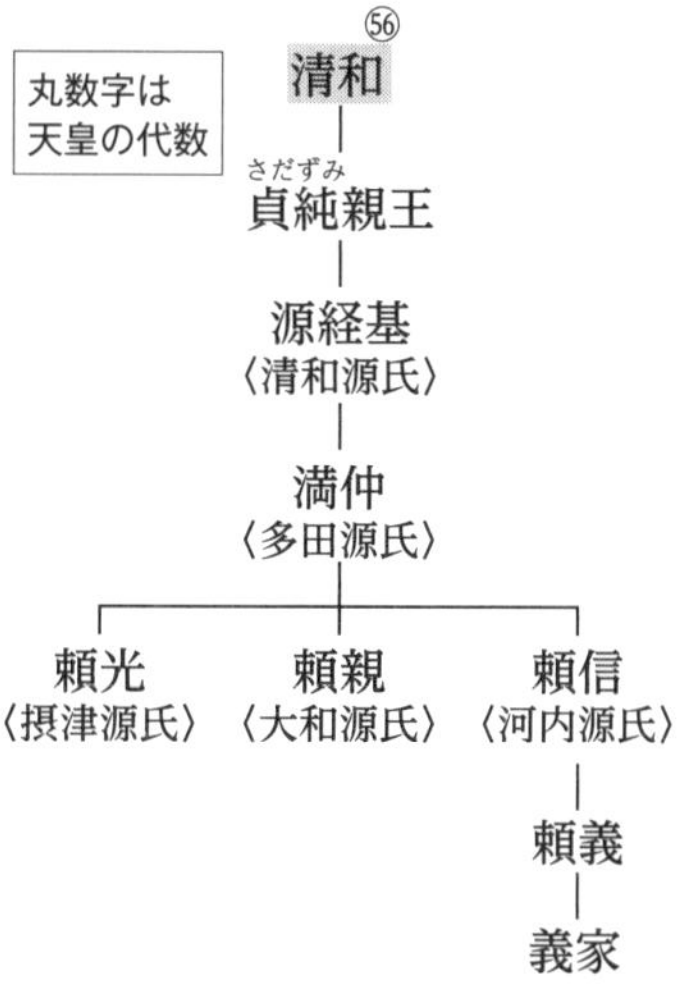

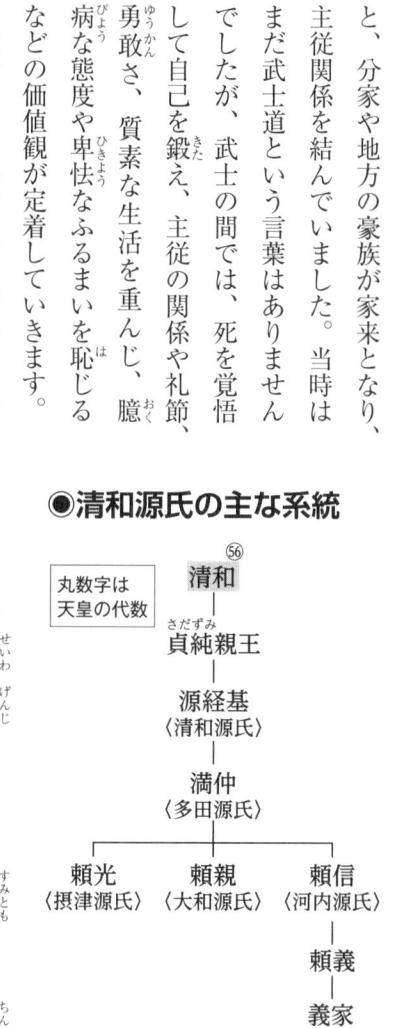

一方で清和源氏は摂関家に接近し、満仲は藤原兼家に、頼光と頼信は道長に仕えています。なお、頼光の配下である渡辺綱《わたなべのつな》、坂田公時《さかたのきんとき》（幼名は金太郎）、卜部季武《うらべのすえたけ》、碓井貞光《うすいさだみつ》の4人は「頼光四天王」と呼ばれ、彼らは大江山《おおえ》（京都府の北部）の鬼（酒呑童子《しゅてんどうじ》）を退治したという伝説にもその名を残しています。

源氏が東国に進出

藤原頼通が後一条天皇の摂政を務めていた1019（寛仁3）年、朝廷をゆるがすできごとが起こります。中国大陸の東北部の女真族《じょしん》が50艘《そう》ほどの船団で、対馬《つしま》国と壱岐《いき》国（現在の長崎県の対馬市と壱岐市）、続いて筑前《ちくぜん》国（現在の福岡県北西部）を襲撃したのです。中国大陸の中央部を支配する漢人《かんじん》は、女真族を「北方の野蛮人《やばんじん》」という意味で刀伊《とい》と呼んでいたことから、この事件は「刀伊の入寇《にゅうこう》」といいます。入寇とは、外国に攻め込まれることです。

この事件に対応したのが、1014（長和3）年から大宰権帥《だざいのごんのそち》（29ページの図を参照）として大宰府に赴任《ふにん》していた藤原隆家《たかいえ》です。隆家は急ぎ、都へ使者を送って事件の概要《がいよう》を報告するとともに、大宰府の人員で防戦にあたりました。現地の住民も協力して奮闘し、対馬国への襲来から7日後には女真族を撃退します。ただし、日本人360名以上が殺害され、1200人以上が連れ去られました。その一部は、当時の朝鮮半島の人々に救出され、日本に帰国しています。

高麗もかねてより女真族の襲撃を受けていたことから、日本への襲撃もその延長だったと考えられています。都に直接の被害はおよばなかったものの、この襲撃で貴族たちは武士の必要性を痛感させられました。

刀伊の入寇から約10年後の1028（万寿5）年、今度は関東で事件が起こります。上総国《かずさ》（現在の千葉県中央部）と下総国《しもうさ》（現在の千葉県北部と茨城県南西部）に地盤を持つ平忠常《たいらのただつね》が反乱を起こしたのです。忠常は桓武平氏《かんむへいし》に属し、母方の祖父は平将門《まさかど》ともされる人物で、かつて上総国と下総国の国司も務めていました。反乱の理由はわかっていません。

忠常はその後、安房国《あわ》（現在の千葉県南部）の国衙《こくが》（国府の建物）を襲い、国司を殺害します。朝廷は忠常と対立していた平直方《なおかた》（平貞盛《さだもり》の孫。79ページ参照）に討伐を命じますが、2年が経っても戦いは終わりません。そこで過去に忠常と戦って勝利したことのある源頼信を甲斐国《かいこく》（現在の山梨県）の国司に任命し、討伐に向かわせます。すると、忠常は1031（長元《ちょうげん》4）年に降伏し、都へ護送される途中で病死しました。

乱を鎮圧した功績により、頼信は東国《とうごく》の各地の国司を歴任し、陸奥国《むつこく》（現在の青森県・岩手県・宮城県・福島県）の軍事長官である鎮守府《ちんじゅふ》将軍にまで出世します。河内源氏の祖である頼信が平忠常の乱を鎮圧したことで、河内源氏が東国に進出するきっかけとなったのです。

二度にわたる奥州の騒乱

源氏の武士団は、11世紀の奥州《おうしゅう》（陸奥国の別称）で起こった二つの合戦を機に、関東各地の土着の豪族や住民に対する影響力を強めることになります。

一つは1051（永承6）年に始まった陸奥国の有力豪族である安倍氏と河内源氏の棟梁《とうりょう》である源頼義《よりよし》（頼信の子）との戦いです。安倍氏は陸奥国の俘囚《ふしゅう》（23ページ参照）の長で、その当主である安倍頼時《よりとき》は陸奥国の国司と敵対して貢物《こうもつ》や税を納めませんでした。そこで朝廷は、頼義を陸奥守兼鎮守府将軍として派遣すると、安倍氏は頼義に服属します。

ところが、1056（天喜4）年に頼時は再び兵を起こし、頼時の死後もその子である貞任《さだとう》と宗任《むねとう》が戦いを続けます。頼義は武勇に優れた子の義家《よしいえ》、出羽《でわ》国（現在の山形県・秋田県）の豪族である清原武貞《きよはらのたけさだ》とともに貞任を討ち取ります。

降伏した宗任は西国《さいごく》への流刑《るけい》とされ、長門《ながと》国（現在の山口県）に定住しました。1051（永承6）年から1062（康平《こうへい》5）年にわたって行われたこ

◉奥州藤原氏の家系図

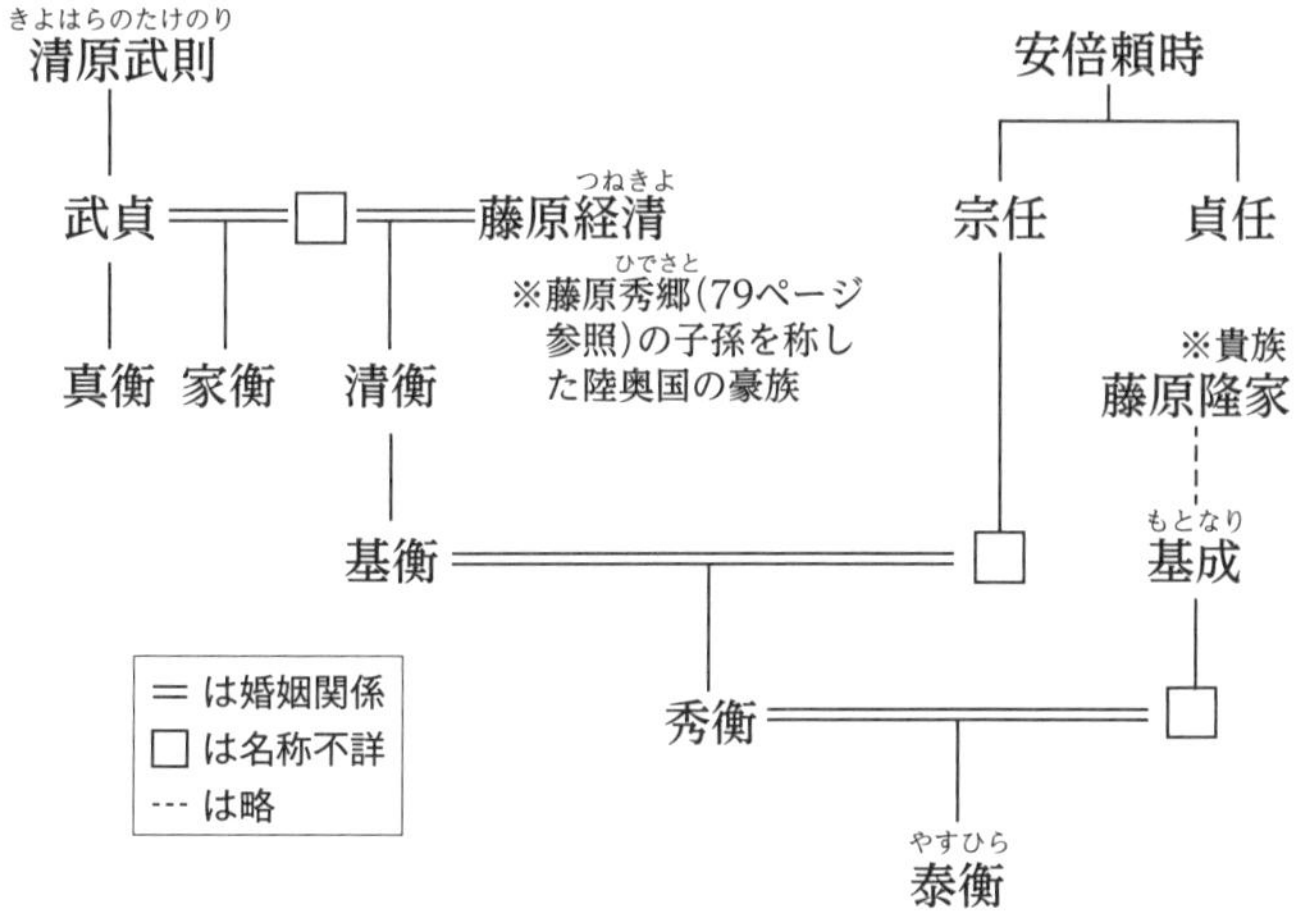

の戦いは「前九年合戦《ぜんくねんかっせん》」と呼ばれます。

もう一つの合戦は1083（永保《えいほう》3）年に始まった清原氏の内紛です。安倍氏の敗北後、清原氏が実質的に陸奥国と出羽国を支配しました。その当主である武貞には、真《さね》衡《ひら》・家衡《いえひら》・清衡《きよひら》という3人の子がいましたが、兄弟は争うようになります。

かつて清原氏と共闘した義家は陸奥守としてこの争いに介入し、真衡に味方しますが、ほどなくして真衡は病死します。その後、義家の仲介で清原氏の所領は清衡と家衡が分割して継承しましたが、今度は家衡が領地の配分に不満を抱いて清衡と敵対します。結局、義家の支援を受けた清衡が勝利し、清原氏の領地をすべて受け継ぎました。1083年から1087（寛治《かんじ》元）年にわたって行われたこの戦いは「後三年合戦《ごさんねんかっせん》」と呼ばれます。

ただし、朝廷は後三年合戦を清原氏の内紛に義家が個人的に介入したとみなし、義家に恩賞を出しませんでした。それでも義家はこの戦いに参加した関東の武士に報《むく》いようと、自身の私財を投げ打って恩賞を与えます。その結果、関東の武士は義家に心服し、河内源氏と関東武士団の間に強い主従関係が確立されたのです。

ちょっとひと息

そこまで優雅でなかった貴族の生活

見栄えを大事にするも不健康な日常

和歌を詠んだり、恋愛に夢中だったりと貴族にこうしたイメージを抱いているかもしれません。実際はどうだったのでしょう。

10世紀ごろから「寝殿造《しんでんづくり》」という建築様式の邸宅《ていたく》で貴族は暮らしていました。主人が暮らす寝殿に妻子が暮らす建物が配置され、それらは屋根付きの渡《わた》り廊下《ろうか》で連結されていました。屋内に壁はなく、床は畳のない板敷きが基本でした。

服装は地位を誇示する意味もありました。男性は束帯《そくたい》か略式の衣冠《いかん》、女性は女房装束《しょうぞく》（十二単《じゅうにひとえ》）が正装でした。入浴や洗濯の機会は少ないため、香《こう》を焚《た》き体臭をごまかしたのです。男性は頭頂部を見せることは恥《はじ》とされていたため、屋内でも烏帽子《えぼし》をかぶっていました。一方、女性は髪が長いことが美しさの条件とされ、身長よりも長く伸ばします。男女とも頬《ほお》や唇《くちびる》に紅《べに》をさし、

眉毛《まゆげ》を抜いて描いていました。
食事は1日に二度が基本で、主食は強《こわ》飯《いい》（蒸した米）か姫飯《ひめいい》（炊《た》いた米）で、仏教の教えから獣《けもの》の肉は食べず、魚や鳥の肉、野菜を食しました。くさらないよう食品は塩漬《しおづ》けにして保存することが多く、慢性的に塩分を取りすぎていました。
貴族は社交のため蹴鞠《けまり》をたしなみましたが、普段は運動不足でした。役職によっては非常に多忙で、たとえば藤原道長は夜遅くまでの会議や部下の監督などの雑務に追われ、不健康な生活がたたって晩年は糖尿病に苦しんだといいます。

平安時代の偉人❸

数々の伝説を残した腕利き陰陽師

安倍晴明

Abeno Seimei

921（延喜21）年～
1005（寛弘２）年

藤原道長をはじめ貴族に信頼される

暦を作成したり、吉凶《きつきよう》を占ったりする陰陽師《おんみようじ》は、農業の年間計画や、貴族の日常的な行動の判断に大きな影響を与えていました。そのなかでも安倍晴明は、後世の小説や映画を通じてよく知られる存在です。

出身は讃岐国（現在の香川県）で、天武天皇、持統《じとう》天皇に仕えた阿倍（安倍）御主人《みうし》の子孫といわれます。中務《なかつかさ》省に属する陰陽寮《おんみようりよう》で、星の動きや気象から運勢を判断する天文博士《てんもんはかせ》を務め、藤原道長に仕えました。『今昔《こんじやく》物語集』『宇治拾遺《うじしゆうい》物語』ほかの書物には、現在の和歌山県にある那智《なち》山の天狗《てんぐ》を封じた、道長が政敵にかけられた呪《のろ》いを見破ったなどの逸話が数多く残ります。後世には、晴明の母は和泉国（現在の大阪府南西部）にあった信太《しのだ》の森の狐《きつね》だったという伝説が広がりました。晴明の子孫も陰陽師として朝廷に仕え、室町時代以降は土御門《つちみかど》（家）を名乗りました。

第四章

院政による権力争い

摂関政治の終わり

藤原道長から氏長者を継いだ頼通《よりみち》は1074（延久《えんきゅう》6）年まで生き、83歳と長命でした。頼通の養女である嫄子《げんし》（祖父母は一条天皇と定子《ていし》）は後朱雀《ごすざく》天皇の中宮《ちゅうぐう》、実の娘である寛子《かんし》は後冷泉《ごれいぜい》天皇の皇后となりますが、いずれも男子が生まれなかったので、外戚《がいせき》にはなれませんでした。

藤原頼通《よりみち》と対立していた異母弟の能信《よしのぶ》は、後冷泉天皇の義弟である尊仁《たかひと》親王に味方して、親王を皇太弟《こうたいてい》の地位に就《つ》けます。1068（治暦《じりゃく》4）年に後冷泉天皇が没すると、尊仁親王が即位して後三条天皇となりました。後三条天皇の母の禎子《ていし》内親王は、三条天皇と藤原道長の娘である妍子《けんし》の子でしたが、藤原氏の影響力は大きく低下します。

腹心だった能信が即位前に死去しても、即位後の後三条天皇は藤原氏の力に頼らず、みずから政治を主導します。人事面では、村上天皇の孫にあたる源 師房《みなもとのもろふさ》（村上源氏《むらかみげんじ》の祖）を右大臣に就けるなど、源氏の人間を重用しました。家柄《いえがら》に関わりなく学識のある人間も重用しており、その代表格が18歳で官人登用試験（いわゆる公務員試験）である方略試《ほうりやくし》に合格した大江《おおえの》匡房《まさふさ》です。なお、大江家は優秀な人材を輩《はい》出《しゅつ》し、子孫の大江広元《ひろもと》は鎌倉幕府の初代将軍・源頼朝の側近となっています。

匡房は、後三条天皇が新設した記録荘園券《きろくしょうえんけん》契所《けいじょ》を任されます。これは荘園の所有者を確認し、存続か廃止かを検討する機関です。平安時代後期になると、

◉院政期の天皇家を中心とした系図

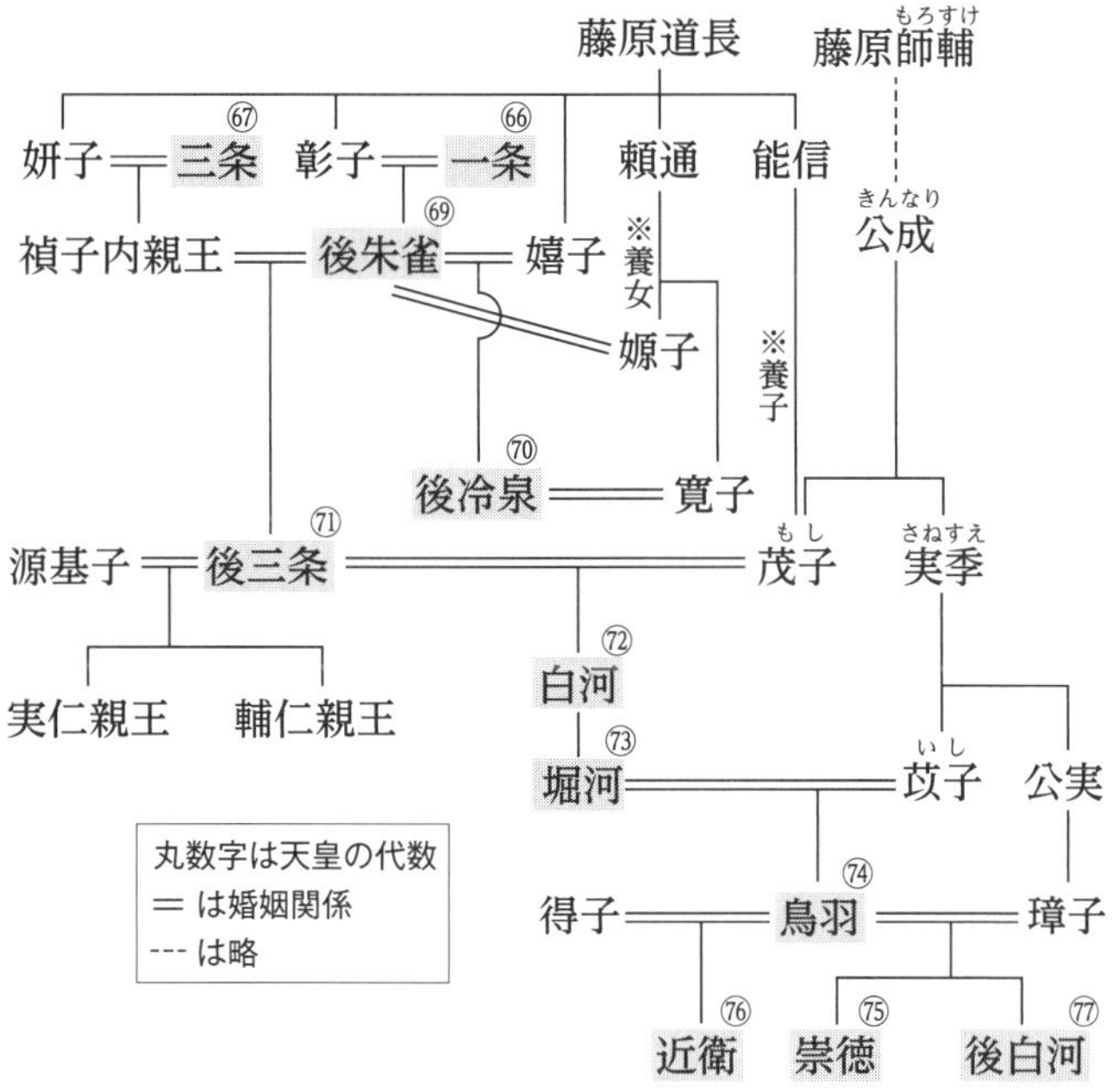

各地の貴族や寺社が多数の荘園をつくり、公田を勝手に荘園に組み入れることもありました。そこで、後三条天皇は記録荘園券契所を通じて、1045（寛徳《かんとく》2）年以後にできた荘園を廃止させます。

これ以前も荘園の縮小を命じた荘園整理令が出されていますが、国司の判断に任せていたので、国司と結びつきの強い有力貴族や寺社は見逃されてきました。しかし、天皇直属の記録荘園券契所は審査が厳格でした。たとえば、源氏の氏神である八幡大神《はちまんおおかみ》を祀《まつ》る石清水八幡宮《いわしみずはちまんぐう》（京都府八幡《やわた》市）には34カ所の荘園がありましたが、13カ所が廃止されています。

この大規模な荘園整理は、藤原氏をはじめとする有力貴族の力を削《そ》ぎ、天皇個人の財力を強化する意図がありました。廃止された荘園の多くは朝廷に没収され

そのころ、世界では？

1077年、皇帝が教皇の権威に屈服する

神聖ローマ皇帝ハイリンヒ４世は聖職者の任免権をめぐって教皇グレゴリウス７世に破門され、赦《ゆる》しを請《こ》いました。これはカノッサ事件（カノッサの屈辱《くつじょく》）といい、教皇の権威を示すできごとでした。

ます。さらに後三条天皇は税収を正確に把握するため、米の計量などに使われていた枡《ます》や秤《はかり》を全国的に統一させました。後三条天皇がみずから計量して1072（延久《えんきゅう》4）年に定めた宣旨枡《せんじます》は、室町時代まで使われることになります。なお宣旨とは、天皇の命令を通達する公文書のことで、詔《みことのり》（詔勅《しょうちょく》）よりも発行の手続きが簡便なため、平安時代以降に多用されました。

宣旨枡を導入した直後、即位から5年目に後三条天皇は退位し、息子の白河天皇を即位させ、その異母弟の実仁《さねひと》親王を皇太弟に定めます。この翌年、後三条上皇は病のため死去しました。後三条天皇が早くに退位したのは、退位後も息子の後見人として実権を握ろうとしたためとされますが、藤原氏の介入を避けて自身の血筋を安定させるためだったという見方も有力です。

「治天の君」による専制

仏教に深く帰依《きえ》した白河天皇は、現在の京都市左京《さきょう》区に六つの寺（六勝寺《ろくしょうじ》）を建設します。そのなかでも、現在の左京区岡崎《おかざき》の地にあった法勝寺《ほっしょうじ》は、高さ80メートルもの九重の塔《とう》が築かれていたと伝えられますが、その後の戦乱によって焼失しています。

白河天皇の後継者は父の意向で異母弟の実仁親王とされていましたが、1085（応徳《おうとく》2）年に疫病《えきびょう》により15歳で死去します。すると翌年、白河天皇は退位して、まだ8歳だった自身の子である善仁《たるひと》親王を即位させます。新たに即位した堀河《ほりかわ》天皇からは、天皇の後見人として上皇が、摂政・関白に代わってみずから政治を主導しました。これが「院政」のはじまりです。

◉院政の構造

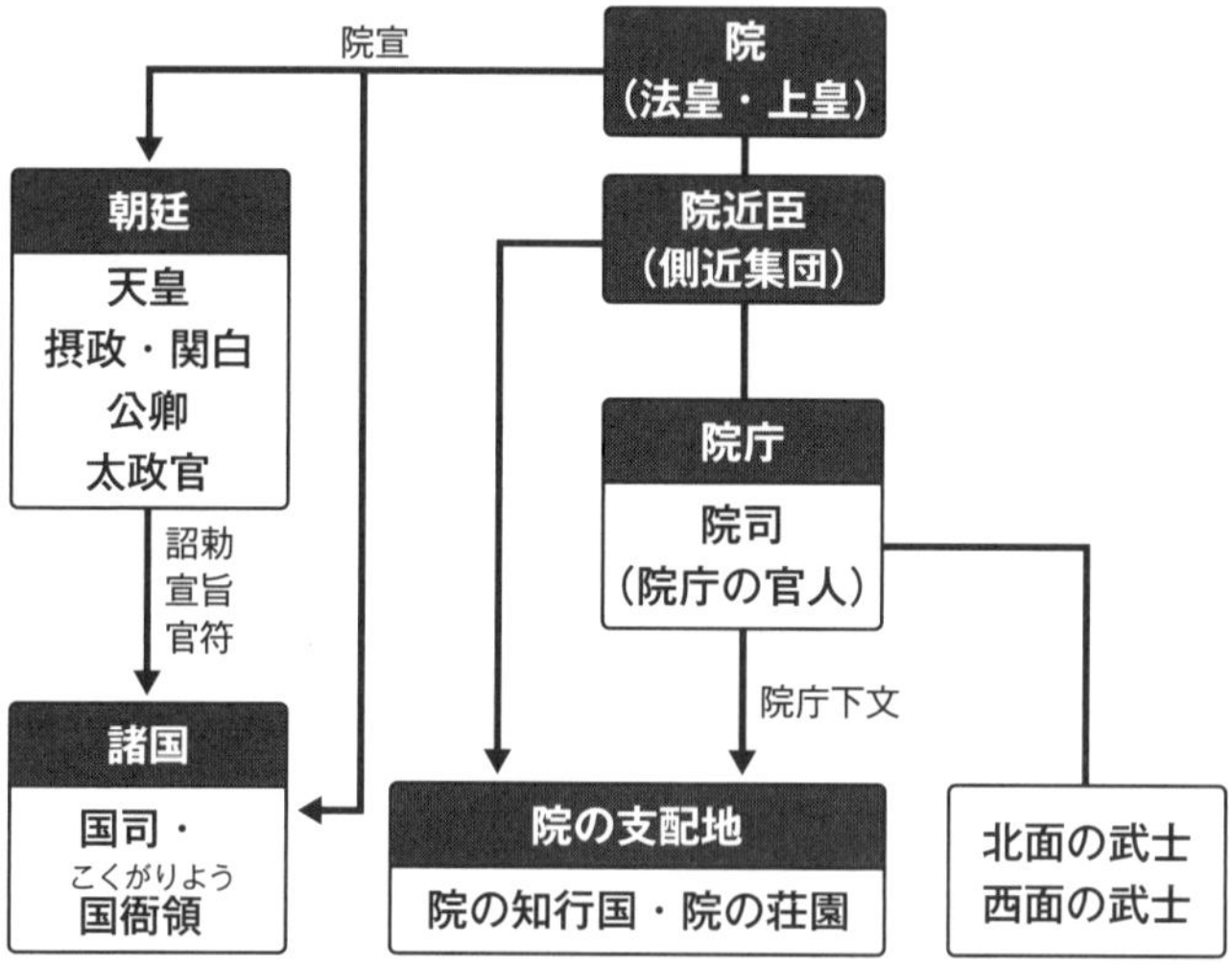

「院」とは、もともと建物名につけられる語句ですが、朝廷では皇太子のことを「東宮《とうぐう》」といったり、高貴な人物のことを住んでいる建物の名で呼んだりする習慣がありました。そこから転じて、退位後の上皇を「○○院」と呼ぶことが定着します。そして上皇が複数いる場合、そのなかの最高権力者は「治天の君《ちてんのきみ》」と呼ばれました。皇后や皇太后（天皇の母・先帝の皇后）で上皇と同様の待遇を受ける者は「女院《にょいん》」と呼ばれました。上皇が政務を行う建物は「院庁《いんのちょう》」、院司《いんし》などが上皇の意向を受け、自身の名で発行する文書（命令書）を「院宣《いんぜん》（院の宣旨）」といいます。これに対し、院庁が発行する文書を「院庁下文《いんのちょうくだしぶみ》」といい、その内容のほとんどは院の所領にかかわるものでした。

幼い天皇の後見人になることで実権を握るのは、藤原氏の摂関政治と同じ図式です。では、なぜ上皇が大きな権力を持つようになったのでしょうか。院政の前例として、すでに藤原頼通の存命中、後一条天皇、後朱雀天皇の母である女院の上東門院《じょうとうもんいん》（彰子《しょうし》。頼通の姉）が朝廷の人事に大きな影響力をおよぼしていました。上皇や女院の権限は律令で明文化されておらず、その権限は上皇や女院自身の解釈にゆだねられていたからです。

しかもこの時期、各地の荘園が整理・没収され、それを獲得した天皇家は莫大な収益を手にしていました。威光を高めた白河上皇は、藤原氏の息がかかっていない中級・下級の貴族から自身に忠実な者を集め、「院近臣《いんのきんしん》」と呼ばれる側近集団を構成し、発する院宣は、摂政・関白などよりも強い効力を持つようになっていったのです。

白河上皇は1096（嘉保《かほう》3）年に出家して法皇となりますが、出家後もその権力は絶大で、逆《さか》らえる者はいなかったといいます。

1107（嘉承《かしょう》2）年に堀河天皇が急死すると、その長男で5歳の宗仁《むねひと》親王が即位して鳥羽天皇となり、白河法皇が引き続き、実権を握りました。

成長後の鳥羽天皇は、藤原北家《ほっけ》の分家の出で権大納言《ごんだいなごん》を務めた藤原公実《きんざね》の娘である璋子《しょうし》（待賢門院《たいけんもんいん》）を中宮に迎えます。璋子は白河法皇の養女として育てられましたが、宮中では法皇の愛人ともいわれ、璋子の産んだ顕仁《あきひと》親王は法皇の子と噂《うわさ》されました。そのため鳥羽天皇は、藤原北家の分家の出で権中納言《ごんちゅうなごん》を務めた藤原長実《ながざね》の娘の得子《とくし》（美福門《びふく》院）に愛情を注ぐようになり、のちに皇后の地位を与えます。

白河法皇は77歳まで生き、43年間も院政を続けました。先にふれた璋子（待賢門院）のこともあって鳥羽天皇が反抗的な態度を取るようになると退位させ、1123（保安《ほうあん》

4）年に5歳の顕仁親王を即位させて崇徳《すとく》天皇としました。

1129（大治《だいじ》4）年に白河法皇が死去すると、今度は鳥羽上皇による院政が始まります。鳥羽上皇は、崇徳天皇を〝叔父子《おじご》〟と呼んで邪険《じゃりん》にし、得子との間に生まれた体仁《なり》親王を優遇しました。1141（永治《えいじ》元）年には崇徳天皇を退位させ、まだ3歳の体仁《ひと》親王を即位させて近衛《このえ》天皇とします。

中世のはじまり

院政の定着とともに、都の政庁だけでなく、地方の支配体制も大きく変化します。律令制のもとでは、各地を支配する国司には任期があり、国司の一族がその土地に根づくことはありませんでした。しかし律令制が形骸化すると、国司の支配地とは別に、有力な貴族や寺社が所有する領地（知行国《ちぎょうこく》）が増えていきます。

院近臣が政治を左右するようになると、上皇の判断で院近臣が大規模な荘園を与えられたり、上皇が忠実な者を「知行国主」に任命し、その一族が代々、知行国を治めることが定着していきます。知行国で得られた農産物や海産物などは、朝廷に税として納める規定の量を除いて、知行国主の収益となりました。こうして、知行国主とその一族は都から半ば独立した地方領主となっていきます。

また、9～10世紀に成立した平氏や源氏の武士団が、院政期にはそれぞれの地盤を確立します。桓武平氏《かんむへいし》は関東一帯や伊勢国《いせ》（現在の三重県）に定着し、清和源氏《せいわげんじ》は摂津国《せっつ》（現在の大阪府北中部から兵庫県南東部）のほか、各地に根を張りました。下野国《しもつけ》（現在の栃木県）に定着した足利氏の子孫からはのちに室町幕府を開く足利尊氏《あしかがたかうじ》が、甲斐国《かい》（現在の山梨県）に定着した甲斐源氏の子孫からは戦国大名の武田信玄《たけだしんげん》が登場します。

◉河内源氏の主な系統

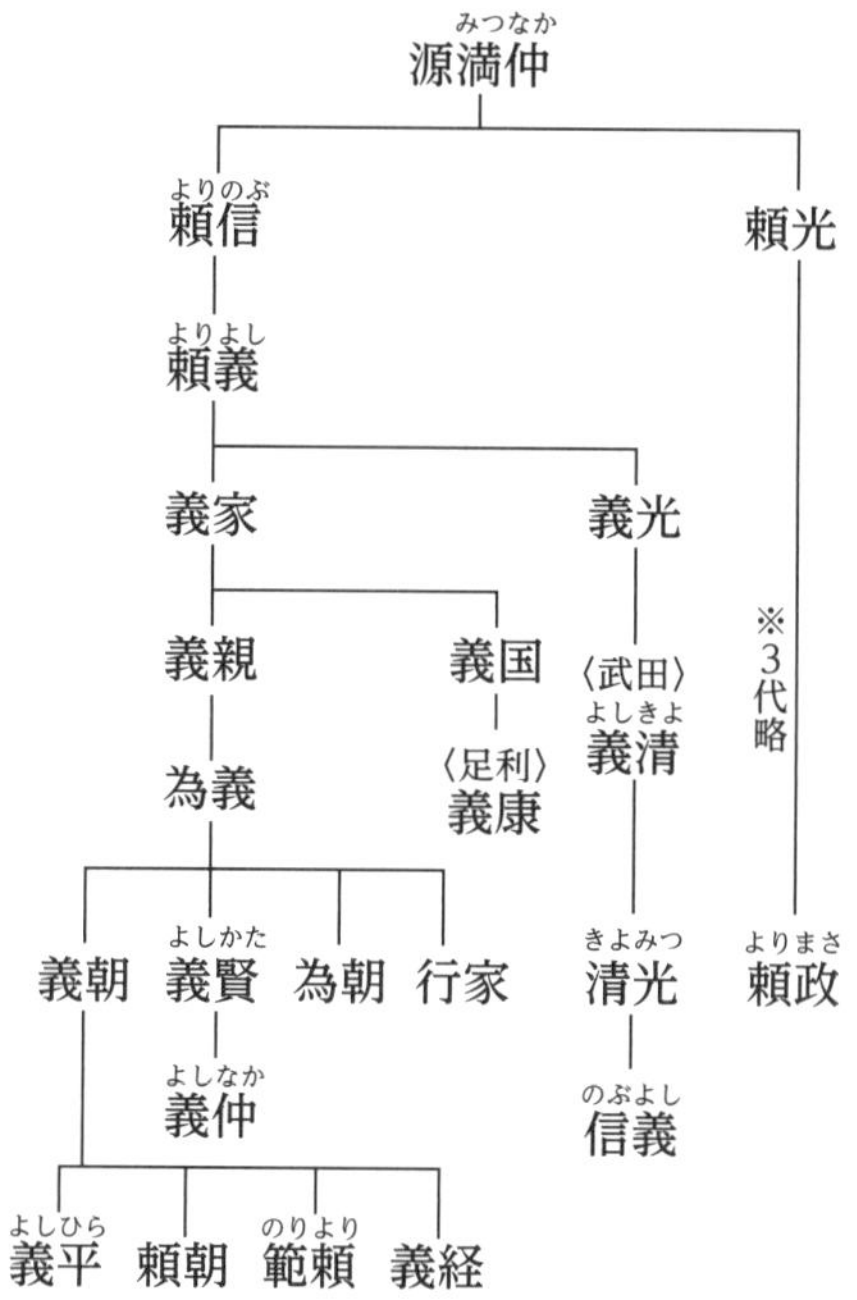

地方の武士団は自然発生的なものよりも、もとは都で軍事部門の役職に就いていた平氏や源氏の武人が地方の治安維持のため派遣され、そのまま任地に定着して、一族単位でその土地を治める領主と化したケースが多いと考えられています。

院政期に入るころ、国司や朝廷と、大規模な荘園を持つ寺院や神社の間では、土地の所有権をめぐる争いが多発しました。とくに興福寺や延暦寺は、武装した僧兵（悪僧《あくそう》）を大量に抱え、たびたび朝廷へ強訴《ごうそ》をします（宗教的な権威のもと僧兵らが集団で権力者に要求を強硬《きょうこう》にうったえること）。そこで、1095（嘉保《かほう》2）年に白河上皇は、自身と親しい源氏や平氏の武士を集め、院御所の北（北面《ほくめん》）を詰所《つめしょ》とする「北面の武士」を設置しました。これは武士が中央政界に進出する足がかりとなります。ちなみに鎌倉時代初期には、後鳥羽上皇が「西面《さいめん》の武士」を設置しています。

こうした点から院政期は、律令制にもとづいた中央集権的な支配体制だった古代が終わり、地方領主が各地に分立する中世のはじまりとみなされています。その特徴は、中央政庁である朝廷や幕府の権力が弱く、地方では武家、貴族、寺社などの中規模な権力者が分立して共存し、絶対的な強者がいないことです。武家は軍事に強いものの、正式な官職の任命権は天皇家と貴族が握っており、寺院や神社の所領は武家や貴族の介入を拒絶できる「不入《ふにゅう》」の特権を持ち（120ページ参照）、僧兵や門徒による独自の兵力を抱えていました。この状態は、戦国時代を経て豊臣秀吉が戦乱を鎮《しず》め、武家以外の武装を禁止するまで続くことになります。

伊勢平氏が台頭

院政の定着と前後して、東国《とうごく》では前九年合戦と後三年合戦で源義家が名を挙げました。ところが、義家の二男である義親《よしちか》は素行が悪く、国司として赴任《ふにん》した対馬国《つしま》（現在の長崎県対馬市）で領民に暴行を働いたうえ朝廷に反抗したため、1101（康和《こうわ》3）年に捕らえられて隠岐国《おき》（現在の島根県の隠岐島）へ流刑《るけい》となります。1106（嘉承元）年には、義家の弟である義光《よしみつ》と、義家の三男の義国《よしくに》が常陸国《ひたち》（現在の茨城県）で所領をめぐって争います。一族内でトラブルが続出するなか、同年に義家は死去しました。

その後、義親は隠岐島を脱出して出雲国《いずも》（現在の島根県東部）の役人を襲撃します（源義親の乱）。この動きに対し、因幡国《いなば》（現在の鳥取県東部）の国司であった平正盛《たいらのまさもり》が派遣され、義親を討ち取りました。

伊勢平氏の一員だった正盛は、義親を討伐したことで白河法皇に重用されるようになります。各地の国司を歴任し、北面の武士の中心的な存在になり、僧兵や海賊の討伐で活躍して中央で伊勢平氏が台頭する基礎を築きました。

正盛の子である忠盛《ただもり》と義親の子の為義《ためよし》はともに、白河法皇、鳥羽上皇に重用され、延暦寺の僧兵による強訴を退けます。しかし、為義も性格が乱暴だったことから、白河法皇と鳥羽上皇から好かれず、活躍の場が与えられませんでした。

一方、忠盛は瀬戸内海の海賊の討伐でも功を挙げ、西国《さいごく》の国司を歴任します。忠盛は宋《そう》との貿易で得た財産をもとに、鳥羽法皇の求めに応じて得長寿院《とくちょうじゅいん》（左京

そのころ、世界では？

1143年、ポルトガル王国が成立する

レコンキスタ（国土回復運動）によってイスラーム勢力がイベリア半島から去っていくなか、カスティーリャ王国が成立します。この王国から分離・独立する形で、ポルトガル王国は誕生しました。

区岡崎徳成町《とくせい》。現存せず）を造営し、寄進するなどして法皇と親密な関係を築き、昇殿《しょうでん》を許されるまでに出世しました。

このように源氏と平氏の明暗が分かれるなか、忠盛の一族は皇族や院近臣との関係を深め、さらなる繁栄に進んでいくことになります。

政治に興味がないのに天皇に

近衛天皇を即位させた鳥羽上皇は治天の君として政務をリードし、1141（永治元）年には出家して法皇となります。近衛天皇の即位にともない退位させられた崇徳上皇は、いずれ自身の子である重仁《しげひと》親王を即位させて院政を行うことを期待していました。ところが、1155（久寿《きゅうじゅ》2）年に近衛天皇が死去すると、鳥羽法皇は崇徳上皇の同母弟である雅仁《まさひと》親王を即位させます。これが後白河天皇です。

即位前の後白河天皇は皇位継承の有力候補ではなく、政治に興味を持たず、今様《いまよう》という流行歌に熱中する、いわば趣味《しゅみ》人《じん》でした。そのような人物が即位したのはなぜでしょうか。後白河天皇の子である守仁《もりひと》親王（のちの二条天皇）は生母を早くに亡くし、鳥羽法皇の皇后だった得子（美福門院）に引き取られ、たいそう可愛がられました。得子は将来的に守仁親王を皇位に就けることを強く希望し、それを正当化するために、守仁親王の父である雅仁親王を天皇に即位させたのです。とはいえ、崇徳上皇からしてみれば、長年にわたって鳥羽法皇からないがしろにされたうえ、自身の子が天皇に即位するのをはばまれたため、鳥羽法皇と後白河天皇を敵視します。

同時期の摂関家にも対立関係は存在しました。前代の氏長者だった藤原忠実《ただざね》と氏長者で関白だった長男の忠通《ただみち》とが不和となったうえ、忠実が二男の頼長《よりなが》を内覧《ないらん》として氏長者にしてしまったのです。しかし近衛天皇が死去すると、頼長が呪《のろ》いをかけたせいだという噂が広がり、頼長は失脚しました。この噂が広まったのは、忠通とその支持者による陰謀《いんぼう》だった可能性が高いとみられています。

頼長が失脚すると、忠通は鳥羽法皇・後白河天皇との結びつきを強めます。一方で再起をはかりたい頼長は、同じく鳥羽法皇を敵視している崇徳上皇を味方につけます。鳥羽法皇・後白河天皇の側には、忠通のほかに僧侶の信西《しんぜい》という有力者がいました。出家前の名を藤原通憲《みちのり》といい、藤原南家の出身ながら頼長に匹敵する博学な人物でした。院政期には天皇の乳母《うば》の親族が院近臣となることが多く、信西が出家前に妻にしていた藤原朝子《ちょうし》は、後白河天皇の乳母でした。

同族同士が敵味方に

後白河天皇を皇位につけた鳥羽法皇は、約1年後の1156（保元《ほうげん》元）年に急死します。崇徳上皇と藤原頼長は、後《うし》ろ盾《だて》を失った後白河天皇を打倒するチャンスと考え、クーデターをくわだて平氏と源氏の有力な武士を集めます。この動きに対抗し、後白河天皇側も信西の働きかけ

◉保元の乱の対立構図

天皇方[勝者]		上皇方[敗者]
後白河(弟) ※院政開始	天皇家	崇徳(兄) ※讃岐国へ流刑
〈関白〉 忠通(兄)	藤原氏	〈左大臣〉 頼長(弟) ※戦死
清盛(甥) ※のちに平氏政権を樹立	平氏	忠正(叔父) ※斬首
(為義の子) 義朝 (為朝の兄) 義康(為義の従兄弟)	源氏	為義(義朝の父) ※斬首 為朝(義朝の弟) ※伊豆大島へ流刑

(　)は同族内における血縁関係を表す。

によって多数の武士を動員しました。

平清盛は先にふれた忠盛の子、源義朝《よしとも》は為義《ためよし》の子で、それぞれ伊勢平氏と河内《かわち》源氏の棟梁《とうりょう》を継いだ両人が後白河天皇に味方しました。平氏側のなかで清盛と忠正《ただまさ》は甥《おい》と叔父《おじ》、源氏側のなかで義朝と為義は子と父、義朝と為朝《ためとも》は兄と弟という関係です。義康《よしやす》は源為義の従兄弟《いとこ》で、下野国の足利を地盤とし、のちの室町幕府の将軍家となる足利氏の祖であることから足利義康とも呼ばれます。

同族同士であっても争うことになったのは、当時の武士が個人単位で天皇、上皇や摂関家と主従関係を結んでいたからです。平安時代では、まだ武士の間で組織としての家（一族郎党）という考え方が定着していなかったのです。

日没後、後白河天皇側は内裏である高松殿《たかまつどの》（現在の京都市中京区《なかぎょうく》津軽町《つがるちょう》）に、崇徳上皇側は過去に白河法皇が御所にしていた白河殿《しらかわどの》（現在の京都市左京区の岡崎公園付近）に、それぞれ軍勢を集結させ、両者の間には一触即発の空気が漂いました。崇徳上皇側では為朝が夜襲を提案しますが、頼長は卑怯《ひきょう》だとして却下します。ところが、逆に後白河天皇側は夜襲をしかけてきました。

こうして「保元の乱」が始まります。平清盛の率いる約300人の兵と、源義朝の率いる約200人の兵、源義康の率いる約100人の兵が3方向から白河殿を攻撃しました。崇徳上皇側は必死に応戦し、弓の名手だった源為朝は一射で2人の兵を倒し、敵を大いに恐れさせたと伝えられます。しかし、4時間半ほどの戦闘の末に白河殿には火が放たれ、後白河天皇側が勝利を収めます。

平安京が初めて本格的な戦場となった保元の乱は、武士の時代の到来を象徴するできごとになりました。鎌倉時代に僧侶の慈円《じえん》が著した歴史書『愚管抄《ぐかんしょう》』には、この戦いをもって「武者《むさ》の世になりにける」と記されています。

平氏の勢力が伸張

保元の乱のあと、後白河天皇の側を勝利に導いた平清盛は、国司を務めた安芸《あき》国（現在の広島県西部）の厳島《いつくしま》（廿日市《はつかいち》市）の海岸沿いに壮大な社殿を造営しました。清盛の父である忠盛は宋との交易に力を入れ、それを引き継いだ清盛は宋の商人が訪れる九州北部から畿内《きない》への航路にあたる瀬戸内海の支配を重視していました。このため、航海と漁業を守護する神が祀られる厳島神社を整備したのです。

このころ中国大陸では、東北部にいた女真《じょしん》族が建国した金《きん》が南下して大陸北部を支配したことで、宋は南方に遷都していました。遷都したあとの宋を南宋《なんそう》というのに対し、遷都する以前の宋を北宋《ほくそう》ともいいます。朝廷は宋と国交を結んでいませんでしたが、地方の荘園領主や商人による民間交易や、僧侶の留学は盛んに行われており、海外の商品や情報は十分に得られるようになっていました。

清盛の一族は日宋貿易によって得た財力によって兵を養ったほか、朝廷の有力者に取り入るための寄進としても活用します。1158（保元3）年、清盛は従四位下《じゅしいのげ》に相当する大宰府《だざいふ》の次官である大宰大弐《だいに》に就任し、九州北部にまで平氏の影響力がおよぶようになりました。同じく後白河天皇に味方した源義朝は朝廷が保有する馬を飼育・調教する右馬権頭《うまごんのかみ》（従五位上《じゅごいのじょう》に相当）、さらに左馬頭《さまのかみ》（同じく従五位上に相当）に就き、昇殿を許されました。とはいえ、同族の多くが崇徳上皇側についたため、清盛ほどに大きな恩賞は得られませんでした。

一方、敗北した崇徳上皇側は悲惨《ひさん》な運命をたどりました。崇徳上皇は讃岐《さぬき》国（現在の香川県）に流刑となり、失意のまま1164（長寛《ちょうかん》2）年に死去します。白河法皇と鳥羽上皇のもとでないがしろにされた崇徳上皇の無念は大きなものでした。鎌倉時代に成立した作者不詳の軍記物語『保元物語』によれば、写経の日々を送った崇徳上皇は、都の後白河天皇に血文字の経文《きょうもん》を送りつけ、死後に怨霊《おんりょう》となって天皇家を呪うことを誓《ちか》ったといいます。のちに崇徳上皇は白峰宮《しろみねぐう》（香川県坂出《さかいで》市）に祀られますが、平安時代末期の血なまぐさい戦乱は崇徳上皇の祟《たた》りだと噂されました。

ちなみに、これまでに登場した菅原道真、平将門《まさかど》と、崇徳上皇の三者は「日本の三大怨霊」と呼ばれます。平安時代は、不幸な死を遂げた貴人の霊《れい》が災いを起こすという御《ご》霊《りょう》信仰が盛んだったことから、とくに怨霊の伝承が広まったのです。

頼長は戦いで重傷を負い、南都《なんと》（奈良）への逃亡をはかったものの傷がもとで死去します。為義は出家し、子の義朝は助命を朝廷に願いましたが、後白河天皇は許さず、義朝の手で為義は処刑されました。平忠正も出家して後白河天皇に許しを求めましたが受け入れられず、息子たちともども甥である清盛の手で処刑されました。

朝廷の命令による公的な処刑は、810（弘仁《こうにん》元）年に起こった薬子《くすこ》の変で藤原仲成《なかなり》が殺害されて以来、じつに346年ぶりとなります。それだけ、天皇、上皇を巻き込んで平安京を戦火にさらした保元の乱は重大な事態とみなされたのです。

源為朝は処刑こそまぬかれましたが伊豆大島《いずおおしま》（現在の東京都大島町）に流刑となり、1170（嘉応《かおう》2）年に死去しました。

繁栄する奥州の平泉

朝廷のもとで平氏と源氏の武士団が存在感を高めつつあったころ、都から遠く離れた奥州《おうしゅう》（東北地方）では藤原氏が一大勢力となっていました。

源義家の支援によって後三年合戦に勝利した清原清衡《きよはらのきよひら》は、清原氏の領地を引き継ぐとともに実父の藤原姓を名乗り、奥州藤原氏の祖となります。清衡はかつて平将門を討伐した貴族である藤原秀郷《ひでさと》の子孫とされ、母の安倍氏は俘囚《ふしゅう》（23ページ参照）の出身だったことから、みずから「俘囚の頭」とも称しました。都から来た貴族の子孫と奥州に土着していた蝦夷の血筋という二面性は、奥州の民に強い影響力を持つことになります。

奥州藤原氏が統治した地域は、陸奥国《むつ》の奥六郡《おくろくぐん》と出羽国《でわ》の山北三郡《せんぼく》で、現在の青森県、秋田県、岩手県にまたがります。その中心地で、現在の岩手県南部に位置した平泉は、平安時代には日本有数の砂金の産地として大いに栄えました。

奥州藤原氏の繁栄を象徴する建築物の代表格が、現在の平泉町平泉《ひらいずみ》衣関《ころものせき》に立つ中尊寺《ちゅうそんじ》でしょう。850（嘉祥《かしょう》3）年、最澄《さいちょう》の弟子である円仁《えんにん》によって創建された寺院で、奥州における天台宗の寺院を統括《とうかつ》する天台宗東北大本山となっています。13世紀はじめ、清衡は前九年合戦と後三年合戦の戦没者をとむらうため、中尊寺に複数の御堂《みどう》を築きました。そのなかでも、1124（天治元《てんじ》）年につくられた阿弥陀如来《あみだにょらい》を祀る金色堂は黄金ずくめの建物として有名です。

中尊寺の東を流れる北上川《きたかみ》沿いには、堀をめぐらせた平泉館《ひらいずみのたち》が築かれました。建物の最大長725メートル、最大幅が212メートルという巨大なもので、奥州藤原氏一族の邸宅ではなく、平泉の政庁だったと考えられています。

奥州藤原氏は清衡のあと、基衡《もとひら》、秀衡《ひでひら》、泰《やす》衡《ひら》と4代続きます。清衡が1128（大治3）年に没したのち、当主となった基衡は中尊寺の南方に毛越寺《もうつう》を造営します。その規模は中尊寺をしのぎ、浄土を意識した広大な庭園を備え、40の堂塔《どうとう》、500の僧坊《そうぼう》があったといいます。しかし、のちに戦乱で大半の建物が失われました。

▶中尊寺金色堂の仏像群

奥州では基衡が当主の時代まで、奥州藤原氏と朝廷が任命した国司がたびたび衝突しました。しかし基衡は、1143（康治2）年に陸奥守となった藤原基成《もとなり》と友好関係を築き、基成の娘を秀衡の妻に迎えます。基成は鳥羽上皇の近臣だったことで、朝廷と奥州藤原氏の結びつきが深まります。

基衡の後を継いだ秀衡は、朝廷に金や馬を惜しみなく献上し、1170年、奥州一帯の軍司令官である鎮守府《ちんじゅふ》将軍に任命されました。都から派遣された者ではなく、現地の在住者がこの地位に就くのは異例のことでした。さらに、1181（養和《ようわ》元）年に秀衡は陸奥守に任じられました。

世界に広まった「黄金の国」

奥州藤原氏は博多（現在の福岡県福岡市）などを経由して、宋と独自に交易を展開しました。平安時代の日本国内では貨幣経済がそれほど発達していなかったので、平泉の黄金の大部分は国内での商取引ではなく、海外商品の購入に使われていました。

一例を挙げれば、中尊寺の内装には、夜光貝《やこうがい》を材料としてキラキラと輝く螺鈿《らでん》細工が大量に使用されています。貝殻を加工した螺鈿の技術はペルシア（現在のイランとその周辺地域）からシルクロードを経由して唐に伝わったといわれ、夜光貝は主にインド洋や東南アジアで採集されました。平安時代の日本では、極めてめずらしい宝飾品です。

毛越寺の建物には、熱帯産の家具材である紫檀《したん》や赤木《あかぎ》も使われています。このほかにも、北方の蝦夷地（現在の北海道）から手に入れたアザラシの毛皮、渥美《あつみ》焼や常滑《とこなめ》焼（いずれも現在の愛知県が産地）といった陶器も大量に入ってきました。鎌倉時代に成立した歴史書『吾妻鏡《あずまかがみ》』の記述によれば、平泉館の宝物を収めた蔵には、原産地がインドやアフリカであるサイの角、象牙《ぞうげ》の笛、水牛の角などもあったとされています。

13世紀の中国大陸を支配していた王朝である元《げん》を訪れた、ヴェネツィア共和国（現在のイタリア北東部に存在した国）の商人マルコ・ポーロの談話をもとに書かれた『世界の記述（東方見聞録）』では、ジパング（日本）が「黄金の国」とされています。この『世界の記述』は、平泉の金色堂の話が誇張《こちょう》されて伝わったためともいわれます。これをもとに、ヨーロッパ人の間でも東アジア地域に黄金の豊富な島国があると知られ、15～16世紀の大航海時代にアジアへの渡航をうながす一因にもなりました。

平安時代の偉人❹

各地に逸話が残る弓の達人

源為朝

Minamotono Tametomo

1139(保延5)年～
1170(嘉応2)年

浄瑠璃の演目の主人公にもなる

平安時代の武士のなかでも、源為朝は武勇と豪胆《ごうたん》さにまつわる逸話《いつわ》が豊富な人物です。源為義の八男として生まれ、13歳のときに父と衝突して九州に追放されましたが、肥後《ひご》国（現在の熊本県）の豪族を味方につけて九州に一大勢力を築き、「鎮西八郎《ちんぜいはちろう》」と称しました。

保元の乱では崇徳上皇の陣に加わりましたが、敗れて捕らえられます。しかし、弓の腕前を惜しまれて処刑をまぬかれ、伊豆大島に流されました。その後、伊豆周辺の人々を従えて略奪をくり返したため、国司の軍に攻められて自害しました。

ただし、密かに生きのびて琉球《りゅうきゅう》（現在の沖縄県）に渡り、同地で生まれた息子が最初の琉球王の舜天《しゅんてん》だという伝説も残されています。江戸時代の小説家である滝沢馬琴はこの伝説をもとに『椿説弓張月《ちんせつゆみはりづき》』を著し、のちに歌《か》舞伎《ぶき》や浄瑠璃《じょうるり》の演目としても人気を博しました。

第五章

最初の武家政権

院近臣による内輪もめ

保元《ほうげん》の乱のあと、後白河天皇の権限を強化するため、「保元新制」と呼ばれる政令を側近の信西《しんぜい》に立案させ、すべての土地は天皇の所有であると宣言し、新たな荘園の設置や僧兵の暴力行為などを禁止しました。こうした働きで信西はしだいに宮中での影響力を高め、自身の子を国司や朝廷の要職に次々に就《つ》かせます。

それでも、後白河天皇と信西にとっては十分とはいえませんでした。鳥羽上皇の皇后の得子《とくし》（美福門院《びふくもんいん》）が各地に多くの荘園を所有しており、その財力をもとに無視できない影響力を有していたからです。

145ページでもふれたように、得子は後白河天皇の子の守仁《もりひと》親王を養子として、いずれ天皇に即位させるつもりでした。そのため、1158（保元3）年に後白河天皇は退位し、守仁親王が二条天皇として即位しますが、やがて朝廷では後白河上皇を支持する院政派と、二条天皇を支持する親政派による対立が表面化します。

院近臣《いんのきんしん》のなかでも派閥争いが起こります。上皇に気に入られた若手の藤原信頼《のぶより》が急速に台頭して権中納言《ごんちゅうなごん》となり、信西と対立するようになったのです。信頼は藤原北家《ほっけ》の出ですが文武ともに目立った功績はなく、後白河上皇の愛人（男色の相手）だったことから重用されたという説が有力視されています。

信西は同じ藤原氏でも北家よりも格の劣《おと》る南家の出身だったため、信西を成り上がり者として見下す貴族が少なくありませんでした。信頼はこうした人々を味方につけます。ほかにも、二条天皇の側近で藤原北家の分家の出である藤原経宗《つねむね》と藤原惟方《これかた》、さらには保元の乱での恩賞が少ないことに不満を持っていた源義朝《よしとも》とも手を結びます。

かくして、〝反信西〟勢力が結成されます。しかし彼らにとって、大敵ともなり得る不安材料が残されていました。後白河上皇と信西に重用されていた平清盛です。

源氏VS平氏

1159（平治《へいじ》元）年12月、平清盛は少数の部下を連れて都を離れ、熊野《くまの》三山《さんざん》（和歌山県南部）へ参詣《さんけい》に向かいました。信頼と義朝はこの機を逃さず、兵を挙げます。これが「平治の乱」のはじまりです。

まず信頼と義朝が率いる軍勢は院御所《いんのごしょ》である三《さん》条殿《じょうどの》を襲撃し、後白河上皇を捕らえて内裏《だいり》に幽閉すると都を制圧しました。信西は三条殿からほど近くの邸宅を襲われたため、南都《なんと》（奈良）へ逃亡しようとするも失敗し、山中に掘った穴のなかで隠れて経《きょう》を読んでいましたが、追手が迫ってくると自害します。

『愚管抄《ぐかんしょう》』によれば、熊野に向かっていた清盛は都での反乱の報《しら》せを聞き、「このまま筑紫《つくし》（九州北部）まで落ちのびようか」と迷ったといいます。

しかしこのとき、紀伊《きい》国（現在の和歌山県・三重県南部）を地盤とする武士の湯浅宗重《ゆあさむねしげ》や、伊勢《いせ》平《へい》氏《し》の武士団が味方につくと、清盛は急いで都に引き返し、300騎以上の兵を率いて義朝の軍勢と

◉平治の乱の対立構図

［勝者］		［敗者］
藤原通憲（信西）※殺害	院近臣	藤原信頼 ※斬首
清盛（父） 重盛（子）	平氏 武士 源氏	義朝（父）※謀殺 義平（子）※斬首 頼朝（子）※伊豆国へ流刑

（　）は同族内における血縁関係を表す。

対峙《たいじ》します。

清盛が態勢を整えている間、信頼と、経宗・惟方とが仲間割れを起こしていました。信西の死で彼らの当面の目的は果たされましたが、もともと二条天皇を支持する経宗と惟方は、これ以上の争乱になることを望んでいなかったのです。

これに目をつけた清盛は、経宗と惟方に密かに接触して味方につけると、彼らの手引きによって、二条天皇を女装させて内裏《だいり》から脱出させます。続けて、後白河上皇の身柄《みがら》も確保しました。上皇と天皇を取り込ん

だことで清盛の率いる軍が官軍となる一方、信頼と義朝が率いる軍は朝敵《ちょうてき》ということになります。

勢いづいた清盛は、義朝が拠点としていた内裏に総攻撃をかけます。形勢不利となった義朝の軍勢は内裏を脱出したのち、賀茂《かも》（鴨）川に面する六条河原《ろくじょうがわら》（現在の京都市下《しも》京区《ぎょう》）まで逃れて清盛の軍勢と一戦交えますが、敗れます。その後、義朝は尾張《おわり》国（現在の愛知県西部）まで逃げ、河内源氏《かわちげんじ》に仕えていた武士の長田《おさだ》忠致《ただむね》にかくまわれますが、追手が迫ると忠致の裏切りにあい殺害されました。

信頼も逃亡をはかったものの、捕らえられて六条河原で処刑されます。経宗と惟方は清盛側に寝返ったにもかかわらず、信西を死に追いやったことで後白河上皇の怒りを買い、それぞれ阿波《あわ》国（現在の徳島県）と長門《ながと》国（現在の山口県）に流されました。

平清盛の一人勝ち

平治の乱には義朝の嫡子《ちゃくし》で、当時13歳だった頼朝も参加していました。頼朝は兄弟とともに都から逃げたものの、清盛の異母弟である頼盛《よりもり》の郎党によって美濃《みの》国（現在の岐阜県南部）の山中で捕らえられ、都に送り返されます。そのまま頼朝は処刑されるはずでしたが、頼盛の母である池禅尼《いけのぜんに》が助命を願い出ます。鎌倉時代に成立した軍記物語『平治物語』によれば、頼朝が池禅尼の亡き息子によく似ていたからだといいます。そのため清盛は命を奪わず、頼朝を伊豆国《いず》（現在の静岡県の伊豆半島）へ流刑《るけい》としました。

後年に頼朝が挙兵すると、清盛は後悔《こうかい》した一方、頼朝は池禅尼に対する恩を忘れず、頼盛の一族から没収した領地を返しています。

頼朝以外の義朝の子の多くは逃亡中に命を落とすか、戦死した親族の菩提《ぼだい》をとむらうために出家させられました。牛若《うしわか》（のちの義経）のほか、当時まだ幼児だった子らは寺に預けられました。

平治の乱ののち、清和源氏《せいわげんじ》は朝廷での力を失います。朝廷では、摂関家の影響力はすでに衰え、後白河上皇の側近だった信西と信頼が共倒れとなったうえ、鳥羽天皇の強力な後ろ盾《うしろだて》になっていた得子（美福門院）もほどなく死去しました。結果的に、平治の乱の最大の勝者となった清盛が朝廷において力を持つようになり、清盛の一門が急速に台頭していくことになるのです。

１１６０（永暦《えいりゃく》元）年、清盛は参議に任じられます。朝廷の官職のうち、参議を含めた太政大臣《だいじょうだいじん》や大納言などの官職に就き、官位が従三位《じゅさんみ》以上の者を公卿《くぎょう》と総称しますが、武士が公卿となったのはこれが初めてのことです。

清盛は12歳で宮門《きゅうもん》を警護する左兵衛府《さひょうえふ》の次官である左兵衛佐《さひょうえのすけ》（従五位下《じゅごいのげ》に相当）となり、19歳で中務《なかつかさ》省の次官である大輔《たいふ》（正四位下《しょうしいのげ》に相当）を務めるなど、若いころから異例の早さで出世していきました。このことから、鎌倉時代に成立した『平家物語』などで書かれていた、平清盛の母親は白河上皇のお気に入りだった祇園女御《ぎおんにょうご》という女房《にょうぼう》で、父親は白河上皇だったという説が後世に広がりました。しかし、明確な裏づけはなく、事実関係は立証されていません。

「平家でなければ人にあらず」

平治の乱の終息後、朝廷では、親政をはかる二条天皇と院政をはかる後白河上皇が対立していました。『愚管抄』によれば、当時の清盛は「アナタコナタ」していたといいます。両者の間であっちについたり、こっちについたりしていたという意味です。

摂関家では氏長者に帰り咲いていた藤原忠通《ただみち》が１１６４（長寛《ちょうかん》２）年に死去し、その子で二条天皇が信頼を置く基実《もとざね》が氏長者を継承しました。基実の邸宅は平安京の近衛《このえ》通《どおり》にあったことから、基実直系の一族はのちに近衛家と呼ばれるようになります。基実が清盛の娘の盛子《もりこ》を妻に迎えたことで、清盛は二条天皇や基実との結びつきを強めました。さらに清盛は、後白河上皇が蓮華王院《れんげおういん》（京都市東山区《ひがしやま》）の造営を決めると、惜しみなく資金を提供します。この本堂は柱間《はしらま》が33あることから三十三間堂《さんじゅうさんげんどう》と呼ばれます。蓮華王院は広大な寺領（荘園）を有し、上皇の大きな収入源となりました。

二条天皇が病に倒れると、その子でまだ2歳の順仁《のぶひと》親王が六条天皇として１１６５（永万《えいまん》元）年に即位し、後白河上皇が政務の実権を握りました。

六条天皇のもとでは基実が摂政を務めましたが、基実が翌年に病で急死したため、弟の基房《もとふさ》が摂関家の所領を継ごうとします。ところが清盛が介入し、摂関家の荘園の実質的な支配権を手にします。基実の正妻は清盛の娘であり、基実の子である基通《もとみち》（実母は盛子とは別の女性）の後見人という立場を清盛が利用したのです。基房は反発しましたが、後白河上皇は自身と親しい清盛を優遇しました。

清盛は以前からの日宋貿易に加え、摂関家の荘園からの収入によって莫大な富を得るようになります。後白河上皇との関係を背景に、1167（仁安《にんあん》2）年に清盛は武士として初めて太政大臣に就任しました。

この翌年、後白河上皇は六条天皇を退位させます。成長した六条天皇が自身の権力をおびやかすのではないかと考えたからです。そして、自身の子である憲仁《のりひと》親王を高倉《たかくら》天皇として即位させると、院政を行うかたわら、出家して法皇となりました。

新たに即位した高倉天皇の母である平滋子《しげこ》（建春門院《けんしゅんもんいん》）は、清盛の妻である時子《ときこ》の異母妹であったことから、平氏とは親族でした。1172（承安《じょうあん》2）年には高倉天皇が清盛の娘である徳子《とくこ》（建礼門院《けんれいもんいん》）を中宮に迎え、清盛は天皇と姻戚関係になりました。

天皇の義父になったことで、清盛とその一族郎党の権力はゆるぎないものになります。平氏のなかでも、清盛の一門はほかの一族と区別して「平家《へいけ》」と呼ばれました。清盛の嫡男《ちゃくなん》の重盛《しげもり》が権大納言《ごんだいなごん》といった要職に就いたのをはじめ、平家の一門は各地の国司や高官に任じられ、荘園を手にします。

『平家物語』によれば、平家の絶頂期、清盛の義弟の時忠《ときただ》は「この一門（平家）にあら

◉桓武平氏を中心とした系統

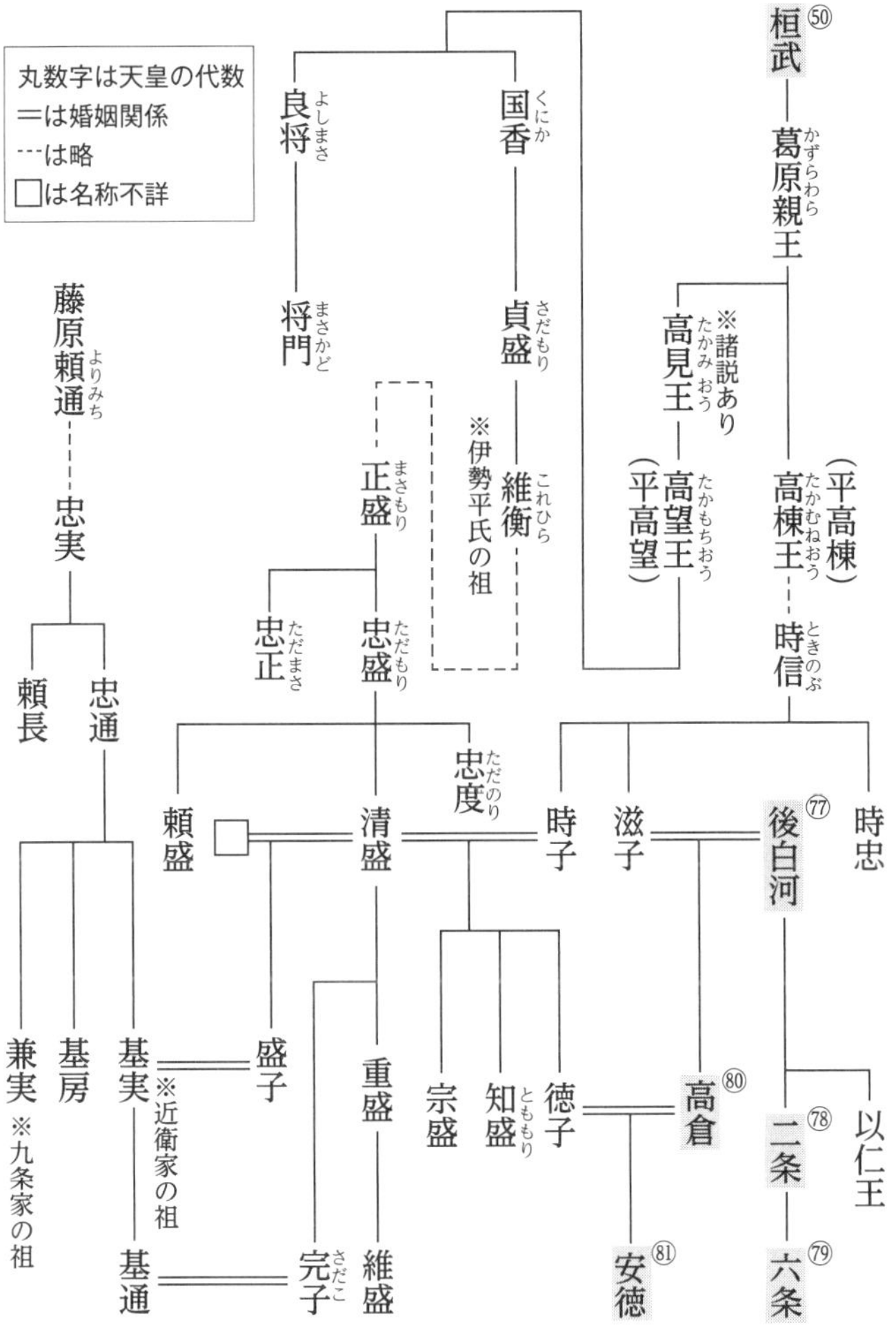

ざむ人は、みな人非人《にんぴにん》なるべし」（平家でない者は人でない）と語ったといわれますが、「宮中では平家以外は出世できない」といった趣旨《しゅし》だったようです。

交易でたくわえられた財力

1168（仁安3）年、清盛は大病をわずらったことをきっかけに出家し、平安京を離れて福原《ふくはら》（現在の兵庫県神戸市）で過ごすようになります。政務について後白河法皇から細かく口出しされることを避けるとともに、福原の近くに大輪田泊《おおわだのとまり》という日宋貿易の拠点となる港の建設を進めていたからです。

宋（南宋《なんそう》）との貿易は中国大陸に近い九州の博多《はかた》（現在の福岡県福岡市）を中心に行われ、清盛は過去に太宰大弐《だざいのだいに》（29ページの図を参照）として博多の貿易

そのころ、世界では？

1176年、朱熹が『近思録』を著す

南宋の儒学者である朱熹《しゅき》（朱子《しゅし》）は、自然界に漂う生命力の「気」と、道徳理念の「理」を儒学に取り入れて体系化します（朱子学）。この理論は『近思《きんし》録《ろく》』にまとめられ、朱子学は儒学の一派となります。

港を治めていました。しかし、都に近い畿内《きない》の港が使えればより好都合です。そこで、古くから利用されていた大輪田泊を大規模に整備して、宋の大型船が直《じか》に入港できるようにします。

1173（承安3）年には、大輪田泊で東南からの強い波風に対する防波堤《ぼうはてい》として、人工島である「経が島《きょうがしま》」の建設に着手しました。当時は土木工事で安全祈願《きがん》として神に人命を捧《ささ》げる人柱《ひとばしら》の習慣がありましたが、人柱の代わりに経を書いた岩を埋《う》めたのが名前の由来です。広さは約650メートル四方もあったと伝えられます。

大輪田泊の開発は、その後の戦乱で平家が没落したため、中途半端な形に終わります。同地はのちに兵庫津《ひょうごのつ》と呼ばれるようになり、室町時代から江戸時代に畿内の経済が発達すると再び商業港として栄え、現在の神戸港のもとになりました。

この時期の宋は農業の生産力が向上したことにともない、商業や工業も発達していました。とくに景徳鎮《けいとくちん》（現在の江西《こうせい》省景徳鎮市）は陶磁器の名産地となります。紙が大量生産されて出版も盛んになりました。方位磁石と船底に竜骨《りゅうこつ》を備えた大型の帆船《はんせん》が普及し、遠距離の貿易が発達します。

宋には中東のイスラーム商人が訪れて商品を仲介し、紙、絹《きぬ》、陶磁器などが西方に輸出されました。逆にインドや中東やアフリカ大陸から、象牙《ぞうげ》、宝石、鉄、銀、ガラス製品などがもたらされます。同時期の西欧《せいおう》諸国も十字軍運動をきっかけに東方との交通が盛んになり、宋の商品はヨーロッパにまで広まりました。

清盛もこうした世界的な貿易網にかかわっていたといえます。日本からは、奥州で採掘された金のほか、硫黄《いおう》、刀剣、漆器《しっき》などが宋に輸出されました。宋からは陶磁器、織物、香料、仏教の経典などの書物が輸入され、清盛は孫にあたる言仁《ときひと》親王（のちの安徳《あんとく》天皇）に、宋の皇帝の命令で編纂《へんさん》された百科事典の『太平御覧《たいへいぎょらん》』を献上しています。

宋銭《そうせん》（宋の貨幣《かへい》）も大量に輸入されました。日本では8世紀に和同開珎《わどうかいちん》が登場して以来、皇朝《こうちょう》十二銭と呼ばれる12種類の貨幣《かへい》が発行されますが、銅の不足や偽造貨幣の横行もあって定着しませんでした。このため、平安時代はまだ経済の規模が小さく、農産物や海産物の多くは市場で売買されずに地元で消費され、荘園領主と地域住民が強く結びついていました。そこで清盛は宋銭を市場に流通させ、商業の発達をうながします。貨幣経済が広まったことで、農民や漁民は農産物や海産物を売って財産をたくわえることができるようになり、さまざまな商品が各地に流通しました。

その反面、商業が未発達の状態で急速に大量の貨幣が普及したことで経済は混乱し、急激な物価上昇（インフレーション）を招き、商品の購入が困難になった者の間では、平家への不満が広がりました。

法皇の側近が壊滅

平家一門が高位の官職に就けた一因は、滋子（建春門院）が後白河法皇から非常に気に入られていたからです。さらにいえば、清盛と後白河法皇の関係を取り持っていたのは、滋子だったといえるでしょう。ところが、１１７６（安元《あんげん》２）年、その滋子が病に倒れ、急死します。滋子がいなくなったことで、急速に成り上がった平家に対する、院近臣の不満が表面化していきました。

この翌年、加賀《かが》国（現在の石川県南部）の国司と延暦寺《えんりやく》との衝突をきっかけとして、都では延暦寺の僧兵が国司の解任を求めて後白河法皇に強訴《ごうそ》をしたため、治安が悪化します。しかも左京で大規模な火災が多発して、大内裏《だいだいり》の建物や多くの貴族の邸宅が焼失しました。相次ぐ騒動に、都の人々は保元の乱のあとに不遇の死を遂げた崇徳上皇の祟《たた》りと噂《うわさ》します。

都に不穏な空気が広がるなか、後白河法皇は、清盛に平家の武士を動員して延暦寺の僧兵を攻撃するよう命じます。とはいえ、当時は寺社を敵に回すことによる仏罰や神罰を恐れる意識が強く、清盛はなかなか応じようとしません。

滋子（建春門院）の死に加え、延暦寺への対応の問題もあって、後白河法皇の周囲では清盛への敵意が高まります。1177（安元3）年、後白河法皇の院近臣らが鹿ヶ谷《ししがたに》（現在の京都市左京区）の山荘に集まり、平家打倒の密議を行います。集まったのは、かつて信西に仕えていた僧侶の西光《さいこう》、権大納言の藤原成親《なりちか》、法勝《ほっしょう》寺の僧侶の俊寛《しゅんかん》、摂津《せっつ》源氏《げんじ》（122ページ参照）に連なる武士の多田《ただ》行綱《ゆきつな》らです。

しかし、行綱が裏切って清盛に密告したことで関係者は次々に捕まります。西光は処刑され、成親は備前《びぜん》国（現在の岡山県南東部）に流されたのちに殺害され、俊寛は九州南方の鬼界《きかい》ヶ島（現在の鹿児島県の奄美《あまみ》群島の一つ）に流されました。

この「鹿ヶ谷の陰謀《いんぼう》（鹿ヶ谷事件）」と呼ばれるできごとには、後白河法皇みずからが関与していたとする説や、清盛によるでっちあげという説もありますが、明らかではありません。いずれにせよ、後白河法皇の有力な側近たちが罪に問われて失権したことで、もはや誰もうかつに清盛に逆《さか》らえなくなります。

平家による政権

1178（治承2）年、高倉天皇と徳子の間に生まれた言仁親王が皇太子とされ、清盛は皇位継承者の外祖父となりました。

ところが1179（治承3）年、清盛を立て続けに不幸が襲います。清盛の娘で摂政の藤原基実の妻だった盛子、清盛の嫡男で宮中の有力者と友好的な関係を築いていた重盛が相次いで急死したのです。摂関家の所領の継承をめぐって清盛と敵対していた藤原基房はこの機を逃さず、後白河法皇に働きかけ、亡き盛子と重盛の所領を自分のものにします。これに怒った清盛は、福原から大軍を率いて都に乗り込むと、後白河法皇に「今後は政治に関与しない」と確約させて離宮の鳥羽殿《とばどの》に幽閉し、基房らを官職から追放します。これを「治承三年政変」といいます。

翌年1180（治承4）年2月、清盛は言仁親王を即位させて安徳天皇としました。以後、退位した高倉上皇が院政を行い、藤原基通が摂政を務めますが、安徳天皇はまだ3歳、上皇は20歳、基通は21歳と若く、清盛が実権を握ります。こうして太政大臣である清盛を中心に、平家一門の複数の人物が公卿として名を連ねる史上初の武家政権が成立しました。

加えて清盛は、後白河法皇や院近臣の知行国や荘園を奪うと、平家一門やその関係者に分け与えました。それらの地域にいる武士を組織化して支配するため、国司に代わる国守護人《くにしゅごにん》、地頭《じとう》といった役職を新たに設置し、一時は全国の60カ国の知行国のうち33カ国が平家の知行となりました。のちに成立した鎌倉幕府は、この制度を引き継ぎ、各地に守護、地頭を配置したと考えられています。

広がる平家への反発

強引に自身の一族を優遇する清盛の独裁に反発する勢力は少なくなく、寺社勢力もその一つでした。

1180（治承4）年2月、清盛は高倉上皇を厳島《いつくしま》神社（広島県廿日市《はつかいち》市）に招き、参詣《さんけい》させます。厳島神社は平家の氏神を祀《まつ》っていましたが、伊勢神宮（三重県伊勢市）、石清水八幡宮《いわしみずはちまんぐう》など、朝廷が定める最も格式が高い二十二社には含まれていませんでした。当時は仏教と神道が混交して信仰され、たとえば延暦寺は日吉《ひよし》大社（ともに滋賀県大津市）と、興福《こうふく》寺は隣接する春日《かすが》大社（ともに奈良県奈良市）と一体でした。このため、延暦寺、興福寺、園城寺《おんじょうじ》（三井寺《みいでら》。大津市）は、上皇を格下の神社に参詣させるのは古くからの権威ある寺社をないがしろにする行為だとして、大勢の僧兵を動員して清盛に抗議しました。

この騒動からほどなく、後白河法皇の皇子である以仁王《もちひとおう》が、各地の武士と寺社に向けて、平家打倒と自身が皇位に就くことを宣言する令旨《りょうじ》（皇族による命令書）を発します。これを知った清盛は以仁王を皇族から外し、検非違使《けびいし》に捕らえさせようとしましたが、以仁王は園城寺に逃れました。

以仁王は、鳥羽上皇の皇女である八条院の養子となっていたので、八条院が母の美福門院から受け継いだ所領を引き継ぎ、皇族のなかでも大きな財力と強い影響力を有していた人物です。ところが滋子（建春門院）に敵視され、天皇の子または兄弟に与えられる「親王」の称号を得られず、皇族としてはそれより格下の「王」の身分に留まります。さらに、兄の高倉上皇に続き、その子である安徳天皇が即位したため、清盛によって自身の皇位継承をはばまれていました。

清盛は自身の後継者である宗盛《むねもり》らに園城寺への攻撃を命じるとともに、都の警備を担当していた源頼政《よりまさ》を動員します。摂津源氏に連なる頼政は、保元の乱と平治の乱では清盛の陣営に与《くみ》し、平家が宮中の実権を握ったことで源氏の武士として初めて公卿となった人物で、当時は77歳と高齢でした。

この頼政が清盛に反旗をひるがえします。『吾妻鏡《あずまかがみ》』では、頼政が以仁王に平家打倒をうったえたとされていますが、頼政が八条院に仕えていたことが関係していたようです。頼政は自身の邸宅に火を放つと、園城寺にいる以仁王に合流し、興福寺の僧兵と合流しようと南都（奈良）に向かいます。

平家方はこれをはばもうとし、5月に宇治《うじ》（京都府宇治市）で両陣営は衝突します。頼政は少ない兵力ながらも平等院に立てこもって果敢《かかん》に戦いましたが、以仁王を脱出させたのちに自害します。以仁王は逃亡したものの、綺田《かばた》（現在の京都府木津川市《きづがわし》）で平家方に討ち取られました。

こうして以仁王の挙兵は失敗に終わりました。しかし、以仁王の令旨は源行家《ゆきいえ》（源為義《ためよし》の子）を通じて東国《とうごく》の源氏の間で広まり、源頼朝、源（木曾《きそ》）義仲《よしなか》ら、反平家勢力が次々と決起することになります。

未完成に終わった幻の都

清盛は以仁王の挙兵を鎮《しず》めたあと、安徳天皇、後白河法皇、高倉上皇をともなって、自身の本拠地である福原への遷都を強行します。このとき、皇位継承の儀式に使われる三種の神器（草薙剣《くさなぎのつるぎ》、八咫鏡《やたのかがみ》、八尺瓊勾玉《やさかにのまがたま》）も福原に運ばれました。

そのころ、世界では？

1180年、フィリップ２世が即位する

フランスの歴史において偉大な王の１人とされるのが、フィリップ２世です。王の支配域を拡大し、統治機構を整備したほか、パリを都として整備して、フランス王国の礎《いしずえ》を築きました。

清盛が遷都した意図にはさまざまな解釈があります。まず、平安京に存在した平家に敵対する勢力を避けたかったという説です。また、福原は前面が海で背後には山が連なっているため、防衛しやすい地であり、大輪田泊と都が接する環境をつくることで海洋国家として日本を発展させる構想を持っていたという説もあります。このほか、天皇家と摂関家とが長らく政治を行ってきた平安京を離れ、平家の血を引く安徳天皇が即位したことを機に人心を一新し、〝平家の都〟を確立させたかったという見方もあります。

新たな都とされた福原京の正確な位置は不明ですが、清盛の邸宅だった雪見御所《ゆきみのごしょ》をはじめ、現在の神戸市兵庫区では貴族の屋敷や堀があった形跡がいくつも発見されており、兵庫区の北部を中心に隣接する中央区、北区などにまたがる範囲だったとも推定されています。

福原には十分な数の建設作業員や資材がなかったようで、鎌倉時代初期に鴨長明《かものちょうめい》が著した『方丈記《ほうじょうき》』などの記述によれば、平安京でつくられた建物が、いかだに組まれて堀川に流され、福原まで運ばれたといいます。もっとも、このときの福原には道路や家屋がまだほとんどなく、平家の者でさえ野宿同様の有様だったといいます。大半の貴族は福原京への遷都に抵抗し、後継者である宗盛をはじめ、平家一門からも不満が続出しました。平安京が成立して以来、天皇が都を長らく離れた前例はなく、高倉上皇まで「亡き母が夢に出てきて、自分の墓がある平安京を離れたことに怒っていた」と、清盛に苦言を呈《てい》しました。

ほどなくして全国各地で平家に対する反乱が続発し、清盛も新たな都づくりに取り組む余裕がなくなります。結局、福原京は未完成のまま放置され、約半年で都は平安京にもどされました。このことは威信を下げることになります。

庶民との文化の融合

院政期は武士が台頭した時代であると同時に、大衆的な芸能文化が普及した時期でもありました。その代表格が、太鼓《たいこ》や笛を鳴らして舞う「田楽《でんがく》」でしょう。農民の田植え際の踊《おど》りから発展したものですが、これを専業とする芸能民も現れました。大江匡房《おおえのまさふさ》（133ページ参照）が著した『洛陽田楽記《らくようでんがくき》』には、1096（永長《えいちょう》元）年には都の住民ばかりでなく貴族までもが田楽に熱中し、一種の社会現象になったと記されています。

田楽と並んで、曲芸や手品、コミカルな物まねなどを演じる散楽《さんがく》も流行しました。これが鎌倉時代以降も発展していき、能楽のルーツとなるのです。

また、男装した女性が舞う「白拍子《しらびょうし》」も人気でした。鎌倉時代に歌人の吉田《よしだ》兼好《けんこう》が著した随筆集『徒然草《つれづれぐさ》』によれば、後白河天皇の側近の信西が磯禅師《いそのぜんじ》という女性に舞わせたのがはじまりとされています。

七五調のフレーズをくり返す「今様《いまよう》」という流行歌も人々に親しまれました。後白河上皇はとくに熱中したことで知られ、みずから当時の流行歌を集めた

『梁塵秘抄《りょうじんひしょう》』を編纂しています。内容は、庶民の日常の風景を歌ったもの、恋の歌、仏教の末法思想が広がっていたことを背景に、世のはかなさを歌ったものなど多様です。全20巻と膨大《ぼうだい》ですが、その大半は長い年月のうちに失われ、一部しか現存していません。

このように院政期には上流階級と庶民の文化の融合が進みました。12世紀に成立する説話集『今昔物語集《こんじゃくものがたりしゅう》』は、前半の巻で天竺《てんじく》（インド）、震旦《しんたん》（中国大陸の歴代王朝）の物語を収録していますが、後半の本朝《ほんちょう》（日本）の巻では、皇族や貴族から武士、庶民まで幅広い階層の人々の物語が収められています。

一説によれば、『今昔物語集』の編者とされるのが、覚猷《かくゆう》こと鳥羽僧正《とばそうじょう》です。仏画の達人として知られる一方、ウサギやカエルなどさまざまな動物の姿を描いた『鳥獣人物戯画《ちょうじゅうじんぶつぎが》（鳥獣戯画）』を残し、そのユーモラスな世界観は後世の民衆にも愛され、江戸時代には庶民や動物の姿を描いた戯画が「鳥羽絵《とばえ》」と呼ばれるようになります。

流行歌をはじめ、物語や説話を広めた担い手《になて》として、楽器の琵琶《びわ》を手にして各地を放浪する琵琶法師が挙げられます。平安時代末期に起こる平家と源氏の争乱も、琵琶法師を通じて庶民の間に広く語り伝えられていくことになるのです。

平安時代の偉人❺

貴族の名門「九条家」の祖

九条兼実

Kujyou Kanezane

1149(久安《きゅうあん》5)年～
1207(建永《けんえい》2)年

当時の様子を伝える貴重な記録を残す

関白である藤原忠通の子に生まれ、成人後は氏長者を継ぎ、平家の台頭から鎌倉幕府の確立に至る時期、太政大臣、摂政、関白といった要職を歴任しました。平家の滅亡後は源頼朝との関係を深め、後鳥羽天皇に頼朝を征夷大将軍に就任させるよう働きかけています。

兼実は16歳から58歳までの間、全66巻にもなる日記（『玉葉《ぎよくよう》』）を残しています。『玉葉』は、兼実の弟である慈円が記した『愚管抄』とともに、平安時代末期の平家と源氏の争乱、政治、文化、世相について書かれた重要な史料となっています。

また、平安京の九条殿に邸宅があったことから、兼実の一族はのちに九条家と呼ばれるようになり、その傍《ぼう》流《りゅう》である一条家、二条家、同じく藤原北家から分かれた近衛家、鷹司《たかつかさ》家とともに、摂政・関白となる人物を輩出する「五摂家《ごせつけ》」の一角を成します。

第六章

朝廷と武家政権

20年の時を経て決起

平家打倒を唱《とな》えた以仁王《もちひとおう》の令旨《りょうじ》が各地に伝わるなか、１１８０（治承《じしょう》４）年8月に源義朝《みなもとのよしとも》の嫡男《ちゃくなん》である頼朝が挙兵します。平治《へいじ》の乱ののち、伊豆《いず》国（現在の静岡県の伊豆半島）に頼朝が流刑《るけい》になったことは１６３ページで紹介したとおりです。蛭ヶ小島《ひるがこじま》（現在の静岡県伊豆の国市）で約20年を過ごし、その間に国司に仕える地元豪族である北条時政《ときまさ》の娘の政子《まさこ》を妻にしました。

頼朝は都から遠く離れた地で長く過ごし、大軍を指揮した経験もなく、直属の家来はほとんどいませんでした。本来であれば、平家打倒に立ち上がる意志も能力もなかったといえます。それでも、乳母《うば》の親族で朝廷に仕えていた三善康信《みよしやすのぶ》から、宮中と平家の動向についての情報は得ていました。その最中に以仁王の令旨を受け取り、そのことを平家に追及されて自身の身に危険がおよぶ可能性があったのに加え、頼朝をリーダーに担《かつ》ごうとする関東の武士たちの後押しもあり、決起したようです。源氏の血筋が、頼朝を時代の傍観者《ぼうかんしゃ》にすることを許さなかったともいえます。

当時の伊豆国は清盛の義弟である平時忠《ときただ》の知行国だったことから、頼朝らはまず時忠の配下にあたる目代《もくだい》の山木兼隆《やまきかねたか》を襲撃し、その後、相模国《さがみ》（現在の神奈川県）に向かいます。しかし、この段階で頼朝につき従う兵は少なく、石橋山《いしばし》（神奈川県小田原市）で、平家に臣従する大庭景親《おおばかげちか》と伊東祐親《いとうすけちか》が率いる軍勢に敗北します（石橋山の戦い）。敗れた頼朝らが逃走中、時政の子の宗時《むねとき》が命を落とします。頼朝自身は洞窟《どうくつ》に隠れたものの、景親の配下の梶原景時《かじわらかげとき》に見つかります、理由は不明ですが、このとき景時はあえて見逃したといわれ、のちに頼朝の味方につきました。

頼朝はその後、安房国《あわ》（現在の千葉県南部）にたどり着くと、かつて義朝に仕え、景親と敵対していた三浦義明《みうらよしあき》・義澄《よしずみ》の親子と合流します。続いて、主に現在の千葉県北部・中部に相当する地を支配していた千葉常胤《ちばつねたね》、上総広常《かずさひろつね》が頼朝の傘下《さんか》に加わります。広常は配下に1万もの兵を有していたといわれ、頼朝の戦力は一気に増大しました。頼朝の異母弟である範頼《のりより》は、このころ頼朝の軍勢に合流します。範頼は平治の乱のあと、後白河法皇の近臣のもとで育てられていました。

1180年10月、頼朝らは相模国の鎌倉に入り、同地を本拠地に定めます。鎌倉は、かつて相模守《さがみのかみ》を務めた源頼義《よりよし》が、1063（康平《こうへい》6）年に源氏の氏神を祀《まつ》る由比若宮《ゆいわかみや》（のちの鶴岡八幡宮《つるがおかはちまんぐう》）を築いて以来、関東における源氏の拠点でした。加えて、東西と北の三方を山に囲まれ、南は海に面し、防衛に適していました。

頼朝に味方した平氏？

以仁王の挙兵から始まった平安時代末期の一連の争乱は、よく「源平合戦《げんぺいかっせん》（源平の戦い）」と呼ばれますが、この表現は必ずしも正確とはいえません。たとえば、頼朝に味方した北条時政、千葉常胤、上総広常らは、伊勢平氏《いせへいし》である平家一門と同じく、血筋のうえでは桓武平氏《かんむへいし》に連なります。とはいえ、桓武平氏の成立は9世紀のことであり、それからすでに300年以上もの歳月が流れ、関東に土着した平氏の子孫と、伊勢平氏として都で地位を築いた清盛らはほとんど別系統といえます。

源氏と平氏には、むしろ平安時代末期まで友好的な関係が多く見られます。頼朝の祖先であり、11世紀に起こった平忠常《ただつね》の乱を平定した源頼信《よりのぶ》は自身の子である頼義と、忠常の討伐に協力した平直方《なおかた》の娘を結婚させています。また以仁王の挙兵に参加した源頼政は、清盛の後押しによって公卿《くぎょう》となっており、頼朝と敵対した大庭景親は桓武平氏の血統でしたが、平治の乱では源義朝に従い、のちに清盛の配下に転じています。

平安時代末期の戦乱については、鎌倉幕府公式の歴史書『吾妻鏡《あずまかがみ》』の記述が長らく主要な典拠《てんきょ》とされてきましたが、この書は幕府の成立を肯定《こうてい》する立場で書かれているため、頼朝の人望やリーダーシップを強調している面があります。実際のところ、挙兵直後の頼朝は、都の有力者の間ではほぼ無名で、大きな影響力はありませんでした。そんな頼朝に、平氏の流れをくむ関東の武士たちが与《くみ》した事情は複雑なものでした。

もともと、関東各地の知行国や荘園の多くは、皇族や藤原氏などの有力貴族のものでした。ところが、清

そのころ、世界では？

1186年、ガズナ朝が滅亡する

現在のアフガニスタンに10世紀に興ったガズナ朝はインド亜大陸《あたいりく》北部に進出し、インドにイスラーム教が本格的に流入するきっかけをつくります。しかし、同じイスラーム朝のゴール朝に滅ぼされました。

盛が実権を握った1179（治承3）年の治承三年政変のあと、平家一門とその家人が、次々と国司などの要職に就《つ》き、一方的に現地の人事にも介入するようになります。このため、北条時政は平家の家人である山木兼隆と、上総氏は清盛によって上総介《かずさのすけ》に任じられた家人の伊藤忠清《いとうただきよ》と、千葉氏は下総国《しもうさ》（現在の千葉県北部と茨城県南西部）の有力者で平家一門と結びつきが強い千田親政《ちだちかまさ》とそれぞれ対立していました。関東の武士の多くが頼朝の側についたのは、同様の構図が各地で発生していたためです。それらに加え、のちには同じ源氏の内部でも主導権争いが起こっています。

以上のように、事態は単純な〝源氏と平氏の戦争〟といいきれないことから、現在では平安時代末期の戦乱を「治承・寿永《じゅえい》の乱」と呼ぶようになっています。

戦わずに勝利する

頼朝の挙兵に前後して、同じく清和源氏《せいわげんじ》に連なる源（木曾《きそ》）義仲《よしなか》も信濃国《しなの》（現在の長野県）で平家打倒に立ち上がります。続いて、甲斐国《かい》（現在の山梨県）を地盤とする甲斐源氏のリーダーである武田信義《のぶよし》も、頼朝に同調する動きを見せました。

清盛は、後白河法皇から頼朝ら東国《とうごく》の反平家勢力を討伐せよという旨の院宣《いんぜん》を得て、孫にあたる平維盛《これもり》（重盛《しげもり》の子）を総大将とする2万もの軍勢を派遣しました。維盛は若く合戦の経験がほぼなかったことから、清盛の末弟である忠度《ただのり》が補佐しました。忠度は武人としてばかりでなく、『新勅《ちょく》撰《せん》和歌集』や『玉葉和歌集《ぎょくようわかしゅう》』に詠んだ和歌が収録されるなど教養ある人物です。

平安京の周囲はあらゆる方角に街道が整備されていましたが、平家の本拠地の福原《ふくはら》は陸路が未発達で東国に出にくかったことから、維盛の軍勢は出発が遅れます。その間に甲斐源氏の軍勢は兵力を増やしながら西へ侵攻してきます。1180（治承4）年10月、両軍は現在の静岡県富士市の

富士川流域で対峙《たいじ》しました。

後白河法皇の側近で権大納言《ごんだいなごん》を務めた藤原経房《つねふさ》の日記『吉記《きつき》』などによれば、この時期、平家の勢力圏である西国《さいごく》は日照り続きで農業生産量が減少し、兵糧《ひょうろう》が不足していたため、維盛の軍勢は士気が低かったようです。しかも強制的に動員された東国の武士は清盛に忠義を尽くす義理がなく、戦う前から甲斐源氏の陣営に寝返る者が続出しました。『吾妻鏡』によれば、深夜、甲斐源氏の軍勢が夜襲をはかったところ、水鳥の大群が一《いっ》斉《せい》に飛び立ち、平家の兵は大きな羽音を大軍の強襲と勘違いして大混乱に陥り、撤退してしまいます。もとより平家軍は、甲斐源氏の軍勢が攻め込んでくるまでもなく、すでに脱落者の多さから不利を悟っており、遠江《とおとうみ》国の国府（静岡県磐田《いわた》市）まで兵を退却させようとしていたようです。

この富士川の戦いで源氏側は戦わずして勝利しました。頼朝も出陣していましたが、ほとんど何もしていません。ただ、維盛の軍勢と合流する予定だった大庭景親は同地で頼朝に捕らえられて処刑されました。

平家軍が撤退する直前、頼朝のもとに異母弟の義経が馳《は》せ参《さん》じます。頼朝より12歳下の義経は幼名を牛若《うしわか》といいます。牛若にまつわる逸話として、平安京の南東に位置した五条大橋で僧兵の武蔵坊弁慶《むさしぼうべんけい》を倒して家来にしたという伝承がよく知られています。もちろん後世の創作ですが、そもそも弁慶は実在しなかったとの説も近年では有力になっています。

平治の乱の際、生後間もない義経は鞍馬寺《くらまでら》（京都市左京区）に預けられます。幼少期から父の仇《あだ》を討つべく修行をしていたといい、のちに奥州藤原氏のもとに身を寄せました。当主の藤原秀衡《ひでひら》は中立の立場でしたが、平宗盛《むねもり》は秀衡が頼朝の討伐に動くことを期待し、秀衡を陸奥国《むつ》（現在の青森県・岩手県・宮城県・福島県）の国司に任じています。それでも秀衡は平家と距離を置き続けました。

平家没落のはじまり

富士川の戦いのあと、美濃国《みの》（現在の岐阜県南部）や近江国《おうみ》（現在の滋賀県）など、畿内《きない》周辺でも源氏に属する武士が平家打倒に決起し、これに興福寺、園城寺《おんじょうじ》なども同調します。平家側も反撃し、興福寺をはじめとする南都《なんと》（奈良）の有力寺院を焼き討ちしました。このとき、東大寺の大仏殿も焼け落ちたといいます。

宮中の有力者の間でも、清盛による強引な遷都に加え、寺社への弾圧に非難の声が高まります。各地の反乱に対応する必要もあり、清盛は都を福原京から平安京にもどしました。それからまもない1181（治承5）年1月、高倉上皇が病のために急死します。清盛の娘を中宮としていた高倉上皇は、かねてより後白河法皇と清盛の板挟みで心労が重なっていたそうです。上皇の死後、朝廷では後白河法皇の影響力が再び高まり、清盛はやむなく法皇による院政の復活を認めました。

平家が逆境に立たされるなか、清盛は熱病で倒れ、同年閏《うるう》2月に64年の生涯を終えました。死の床《とこ》で清盛は居並ぶ平家一門の人々に「最後の1人になるまで戦い、必ず頼朝を討ち取れ」と命じたともいわれます。

『吾妻鏡』では、清盛は悪役としてあつかわれています。江戸時代に忠義を重んじる儒教の価値観が広まると、後白河法皇から実権を奪った清盛は不忠者と批判され、第二次世界大戦後には鎌倉幕府を築いた源頼朝を先進的とみなし、清盛は藤原氏と同じく天皇家との姻戚《いんせき》関係による前時代的な貴族政治を行ったと解釈され、低く評価される傾向に

◉治承・寿永の乱における主な戦い

1180年	❶ 以仁王《もちひとおう》の挙兵
	❷ 石橋山の戦い
	❸ 富士川の戦い
1183年	❹ 倶利伽羅峠の戦い
1184年	❺ 一ノ谷の戦い
1185年	❻ 屋島の戦い
	❼ 壇ノ浦の戦い

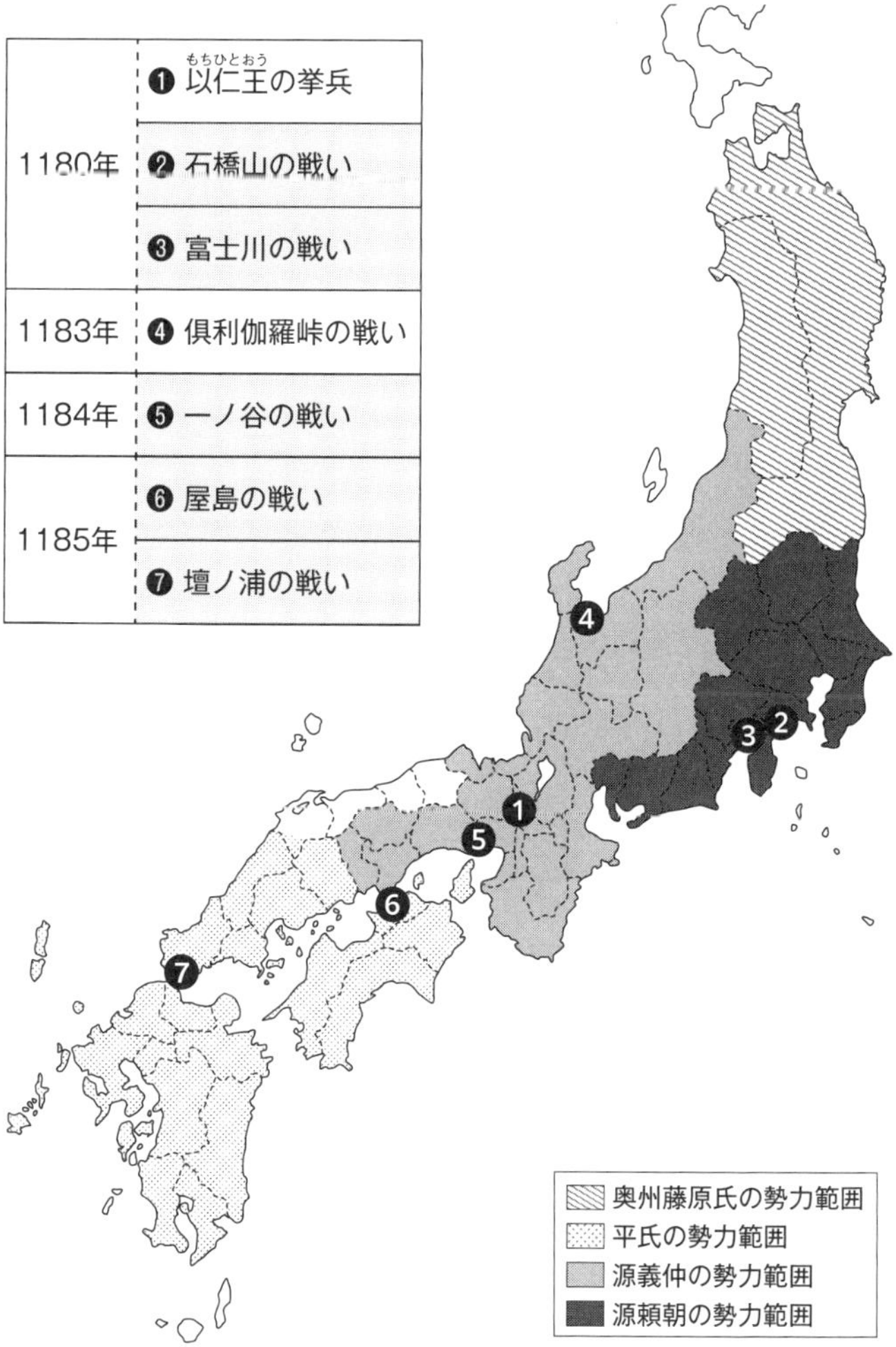

ありました。しかしながら鎌倉幕府は、清盛が導入した国守護《くにしゅご》人《にん》の制度をもとに各地に守護を配置するなど、平氏政権の体制を引き継いだ面も多いことから、清盛を武家政権の祖とする解釈も近年は広まっています。宋との貿易により、貨幣《かへい》経済と商業の発達をうながした側面も高く評価されるようになってきました。

しかし、清盛の亡《な》きあとの平家は急速に力が衰えます。新当主の宗盛は指導力に欠け、平家一門の権力の独占に対する不満から、皇族や藤原氏ら有力者も水面下で頼朝らに同調する動きを

◉天皇家と将軍家の系図（12世紀後半）

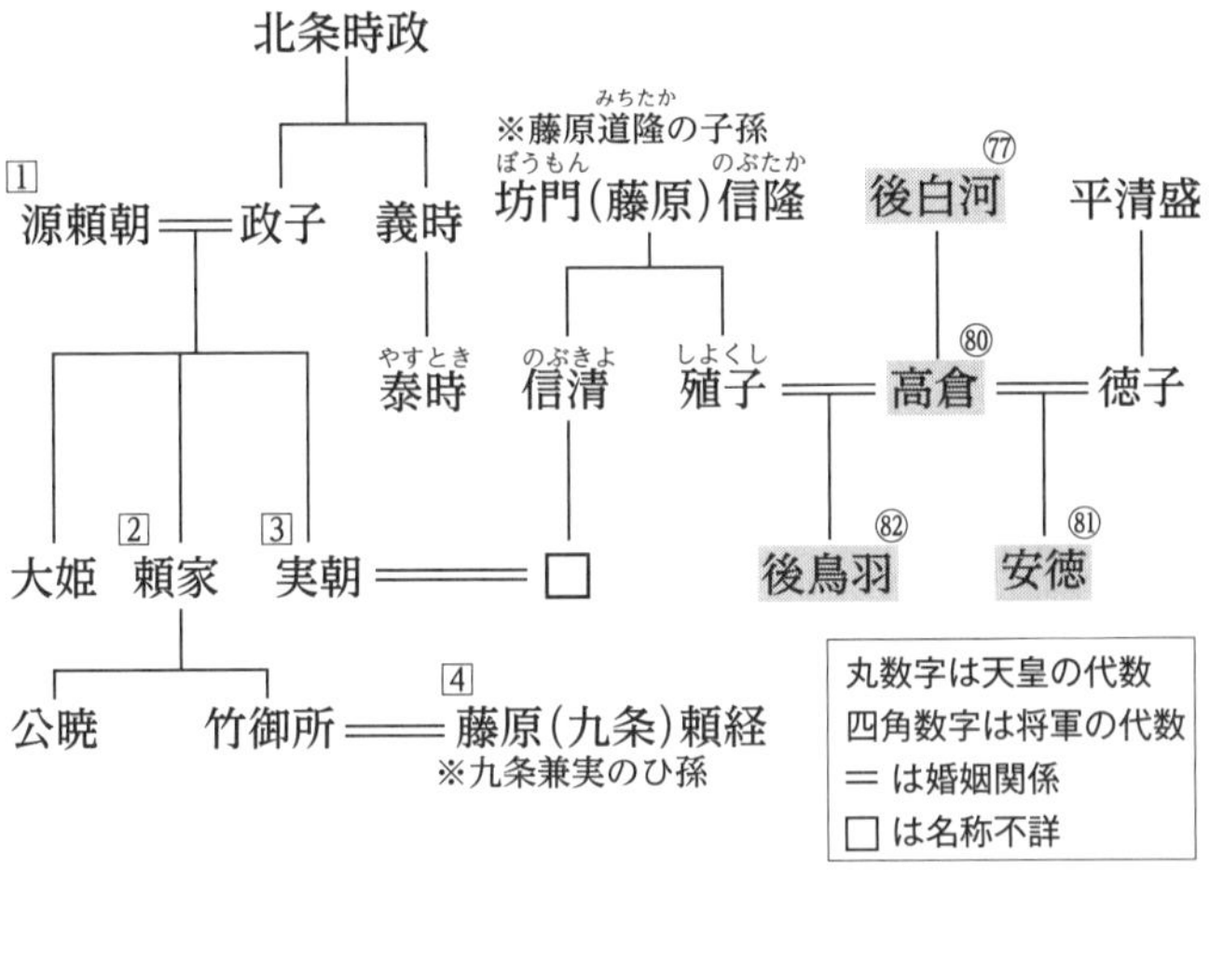

見せるようになります。しかも平家の勢力圏である西国は悪天候が続いたことで飢饉《ききん》が発生します（養和《ようわ》の大飢饉）。荘園からの収入は激減し、平家は源氏の軍勢と戦おうにも兵の動員すらままならない有様でした。

同族が一歩リード

各地で挙兵した反平家勢力の1人である源義仲は河内源氏に属し、頼朝の従兄弟にあたります。生後間もなくして父の義賢《よしかた》（140ページの図を参照）が、源氏の内紛により頼朝の異母兄である義平《よしひら》に討たれたため、乳母の夫で信濃国の豪族だった中原兼遠《なかはらかねとお》のもとで育てられました。義仲の愛した勇猛《ゆうもう》な女武者の巴御前《ともえごぜん》は、この兼遠の娘だったともいわれます。

頼朝と義仲は、源氏の主導権を争ういわばライバル関係にありました。頼朝と対立した叔父《おじ》の行家《ゆきいえ》と義仲が手を組んだことから両者の仲は険悪になり、軍事衝突が起こりかけます。ところが交渉の末に和睦《わぼく》し、その証《あかし》として1183（寿永2）年3月に義仲の長男の義高《よしたか》が人質として鎌倉へ移り、頼朝の長女である大姫《おおひめ》と婚約します。

義仲は、頼朝と甲斐源氏（武田氏）との衝突を避けるため関東・東海への進出を控《ひか》え、地盤である信濃国から越後国《えちごのくに》（現在の新潟県）に侵攻し、北陸に勢力を広げていきました。ほどなくして、以仁王の遺児である北陸宮《ほくりくのみや》が義仲に合流すると、義仲は平家を打倒したのちに北陸宮を即位させることを大義名分に掲げます。清盛の孫にあたる安徳《あんとく》天皇を擁《よう》する平家は北陸宮が天皇となることを恐れ、頼朝よりも義仲を討つことを優先し、平維盛を大将とする大軍を北陸に差し向けます。

1183年6月、義仲の軍勢と維盛の軍勢が、越中国《えっちゅうのくに》（現在の富山県）と加賀国《かがのくに》（現在の石川県南部）の境にある砺波《となみ》山の倶利伽羅峠《くりからとうげ》で激突しました。『平家物語』によれば、平家側の軍勢は約10万人とされています。誇張された数とはいえ、一説に5000人とされる義仲の軍勢を上回っていたことは確かでしょう。数で劣《おと》る義仲は平地での戦いは不利と考え、峠で奇襲を仕掛けます。平家の兵士は足場の悪い狭い山道で背後から突如として攻撃を受けて次々と崖《がけ》から転落し、平家軍は壊滅しました。

ちなみに鎌倉時代後期に成立した軍記物語『源平盛衰記《げんぺいせいすいき》』では、この倶利伽羅峠（砺波山）の戦いにおいて義仲は、角に松明《たいまつ》をつけた牛の群を敵に放つ「火牛《かぎゅう》の計」を使ったとされていますが、史実ではないようです。

勝利を収めた義仲は、加賀国、越前国《えちぜん》（現在の福井県北部）を南下して延暦寺の僧兵を味方につけます。都まで間近に迫った7月、平家一門は安徳天皇とともに西国へ逃亡します（平家の都落《みやこお》ち）。

混乱に乗じて平家のもとを脱した後白河法皇は平安京に留まり、安徳天皇の異母弟でまだ4歳の尊成《たかひら》親王を即位させて後鳥羽天皇とします。ただし、皇位の正統性を裏づける三種の神器は平家が持ち去ってしまったため、平家打倒だけでなく三種の神器の回収も義仲や頼朝の課題となります。

平家を追放したのに嫌われる!?

もともと義仲の直属の兵は少数でしたが、都に向けて進軍するうち、近江源氏や美濃源氏などが加わりました。ところが、彼らは必ずしも義仲に忠実ではなかったため、平安京に入ると軍勢の統制は失われ、兵糧も不足していたことから略奪や暴行を引き起こします。そのため平家を追い払ったにもかかわらず、貴族らは義仲を無法者とみなして嫌います。ただし、義仲が平安京に入る前、撤退する平家が建物を焼き払ったうえ僧兵も暴れていたので、この状況は義仲だけのせいとはいえません。それでも義仲は人望を失い、行家は離反しました。

平安京に入った際、義仲は官職を持たず、いわば浪人《ろうにん》の身でした。それにもかかわらず、皇位継承について意見し、北陸宮の天皇への即位をうったえます。このため、後白河法皇は義仲に反感を抱き、平家追放の勲功《くんこう》第一は鎌倉にいた頼朝、第二は義仲、第三は行家としました（その後、義仲の抗議により勲功第一は義仲に）。

平家が実権を握っていた間、頼朝一味は朝敵とされていましたが、平家が横領した寺社、皇族、貴族の領地を元の所有者にもどす方針を示したことから、貴族や寺社の支持を得ていました。1183年10月には後白河法皇が頼朝に対し、従五位下《じゅごいのげ》の官位にもどすことと、東国の警察権と徴税権をゆだねる「寿永二年十月宣旨《せんじ》」を発します。ただ、法皇が都にくるようにうながしても、頼朝はこれを固辞して鎌倉に留まりました。

一方、平家の追撃に向かった義仲が、備中国《びっちゅうのくに》（現在の岡山県西部）で平家との合戦（水島《みずしま》の戦い）に敗れて都にもどると、自身の地盤の信濃国も含めた東国支配の権限を頼朝が得たと知ります。焦《あせ》った義仲は院御所《いんのごしょ》である法《ほう》住寺殿《じゅうじどの》を攻めて後白河法皇を捕らえ、院近臣《いんのきんしん》を追放して宮中の実権を握ると、頼朝を討伐する旨の院宣《いんぜん》を法皇に強引に発せさせました。

この間に頼朝は、範頼、義経らを西へ差し向けています。名目は平家討伐ながらも、後白河法皇の内意による義仲の排除を意識したものでした。義経の軍が都に迫ると、近江源氏が義仲から離反し、ほかの畿内の武士団も義仲と敵対するか中立の態度を取りました。義仲は敵だった平家との同盟を模索しますが実現せず、孤立《こりつ》します。

1184(寿永3)年1月、義仲は宇治《うじ》川の戦い(京都府宇治市)で、範頼・義経の率いる数万もの軍勢に対して千に満たない数で立ち向かいますが、敗れ

そのころ、世界では?

1189年、第三回十字軍運動が始まる

キリスト教の聖地である中東のエルサレムを獲得すべく、イギリス・フランス・神聖ローマ帝国ら連合軍が遠征するも失敗し、アイユーブ朝のサラーフ・アッディーン(サラディン)と和議を結びます。

たため北陸方面への逃亡をはかります。同行するのは腹心である今井兼平《いまいかねひら》、巴御前ら数人のみでした。しかし、近江国の粟津《あわづ》（現在の滋賀県大津市）まできたところで範頼の軍勢に追いつかれると、義仲は自害しました。義仲から生きのびるよう命じられた巴御前は尼《あま》になったと伝わっています。

その後、義経は後白河法皇の身柄《みがら》を解放し、都の貴族に歓待《かんたい》されました。そのころ、義仲の子である義高は、婚約者である大姫の手引きで鎌倉から脱出しますが、頼朝が放った追手に討たれて命を落としました。大姫は父の頼朝を恨《うら》み続け、未婚のまま20歳で死去しています。

合戦よりも組織固めに専念

争乱における義仲と頼朝の動向は対照的だったといえるでしょう。義仲は幼いころから信濃国で過ごし、都の有力者との人脈や交渉力に欠け、みずから戦場に立ちますが組織力は強固ではありませんでした。これに対し、頼朝は鎌倉に留まって派遣した義経らに指示を送りつつ、朝廷との交渉や関東の武士の組織化に集中していました。

もともと関東の武士の多くは、平家が任命した国司や目代による支配を脱して独立を維持することが目的で、平家の勢力圏である西国に侵攻するモチベーションにとぼしかったのです。このため、頼朝は親族である範頼・義経らに東国の兵をあまりつけず、平家との戦いには主に西国の兵を動員しています。

頼朝の家臣となった武士たちは「御家人《ごけにん》」と呼ばれ、領地の支配権を保証されること（御恩《ごおん》）と引きかえに忠誠を誓《ちか》い、いざというとき主君のために戦う（奉公《ほうこう》）という主従関係が築かれます。頼朝はこの関係を基礎に、自身を中心とする関東武士の組織固めを何より優先させたのです。

では、その組織とはどのようなものだったのでしょうか。関東の武士たちの人事や法務を司る侍所《さむらいどころ》では、頼朝の挙兵に初期から参加していた和田義盛《わだよしもり》が別当《べっとう》（長官）に、梶原景時が所司《しょし》（次官）に就任して御家人を統制しました。続いて、文書管理を行う公《く》文所《もんじょ》、事務処理を行う問文所《もんちゅうじょ》などが設置されます。

さらに頼朝は朝廷とも緊密に連絡を取りあい、自身や御家人の官位が得られるよう動いています。この点も義仲が朝廷の慣例などに無頓着《むとんちゃく》だったのと対照的です。平安京に入った義仲は平家から没収した土地の管理権を得ていましたが、義仲が討たれたのちは頼朝がこれを引き継いでいます。

鎌倉に留まった頼朝は都市整備にも力を入れています。八幡大神《はちまんおおかみ》を祀る由比若宮を沿岸部から内陸部に移転させ、鶴岡八幡宮とします。これを中心に幅の広い表参道（若宮《わかみや》大路《おおじ》）がつくられ、鎌倉の町並みの原形が築かれました。

常識にとらわれない戦い方

義仲によって都を追われた平家一門はどうなったのでしょうか。平家は現在の九州地方、中国・四国地方で戦力を立て直して福原にもどると、平安京に攻め入る動きを見せます。頼朝は後白河法皇の要請を受け、範頼、義経らを迎撃に向かわせました。この際、後鳥羽天皇の正統性を確保するためとして、三種の神器の回収を厳命したともいいます。

範頼が率いる主力部隊は福原の東に位置する生田《いくた》の森に、義経が率いる少数の部隊は福原の南の一ノ谷《いちのたに》（現在の兵庫県神戸市須磨《すま》区）に布陣しました。1184（寿永3）年2月、後白河法皇は平家に和平交渉を持ちかけます。平家軍が武装解除したところに、範頼と義経らの軍勢が攻め寄せました。これが意図的だったのか、そもそも法皇から範頼・義経への連絡が不十分だったなど諸説あります。

義経は急斜面を馬で駆け下り、平家の軍勢を背後から奇襲したと伝えられます。これは『平家物語』などで「鵯越《ひよどりごえ》の逆落《さかお》とし」と呼ばれますが、実際の鵯越（現在の兵庫県神戸市兵庫区）は一ノ谷より東の離れた場所です。九条兼実《くじょうかねざね》の日記『玉葉《ぎょくよう》』には、鵯越で平家を強襲したのは義経ではなく、多田行綱《ただゆきつな》だと記されています。

一ノ谷の戦いにおける平家軍は数のうえでは源氏を上回っていました。とはいえ、各地からの寄せ集めの兵が大半を占めていて結束力は弱く、予想外の打撃を受けると我先にと逃げ出しました。清盛の四男で大将の知盛《とももり》は船で海上に脱出しますが、清盛の甥《おい》である敦盛《あつもり》をはじめ、逃げ遅れた将兵の多くが討たれます。

戦は続き、頼朝の命によって範頼が九州における平家勢力の平定に向かいました。これには北条義時《よしとき》（時政の子）や和田義盛ら関東の有力武士も大量に動員されています。範頼は豊後国《ぶんご》（現在の大分県）の有力武士を味方につけ、1185（元暦《げんりゃく》2）年2月には九州をほぼ制圧します。しかし、瀬戸内海の水軍を率いる平家軍とその配下である田《た》口成良《ぐちしげよし》らは、讃岐《さぬき》国の屋島《やしま》（現在の香川県高松市）に撤退して抵抗を続けました。範頼の苦戦を知った義経は、頼朝の指示を投げ出し、後白河法皇の許可を得て屋島に向かいます。

義経の兵は少数でしたが、平家軍の背後にあった民家に火を放って大軍が襲来したと見せかけたうえ、干潮《かんちよう》時に浅瀬となる場所を通って騎馬で平家軍に突入します。海上から船で攻めてくると想定していた平家軍は大混乱に陥り、船で西へと逃げ出します。両軍はほとんど刃を交えることなく、この屋島の戦いは義経方が勝利しました。

平家の滅亡

屋島の戦いに敗れた平家軍は、関門《かんもん》海峡に面する壇《だん》ノ浦《の うら》（現在の山口県下関市《しものせき》）に追いつめられました。九州は範頼によって制圧されていたので、この地が平家にとって最終決戦の舞台となります。

戦いが始まったのは、1185年3月の朝です。義経ら源氏の軍勢は関東からやってきた三浦氏の水軍のほか、紀伊《きい》国（現在の和歌山県・三重県南部）の熊野《くまの》水軍、瀬戸内海の河野《かわの》水軍など、西国の有力な船団を味方にしていました。これに対し、海戦を得意とした平家は交易に使う大型船に安徳天皇らが乗っていると見せかけて囮《おとり》とし、軍船から弓を射って源氏の軍船を近づけまいとします。

東国の武士は騎馬での戦いは強くとも船上での遠距離の弓射は不得意であり、戦いは平家軍に有利に進みました。しかし、『平家物語』や『吾妻鏡』によれば、当初は平家の軍船に有利だった潮流《ちょうりゅう》が、午後には源氏の軍船に有利に転じたといいます。加えて、田口成良が途中で裏切り、平家軍が劣勢に陥ったと考えられています。

結局、夕方ごろには平家軍の敗北は明らかとなり、平家一門は覚悟を決めます。亡き清盛の妻である二位尼《にいのあま》（時子《ときこ》）は三種の神器の草薙剣《くさなぎのつるぎ》を手にして海に身を投じたといいま

す。徳子《とくこ》（建礼門院《けんれいもんいん》）と、その子である安徳天皇もこれに続きます。知盛ら平家の将兵の多くが入水《じゅすい》するか自害しましたが、当主であり総大将の宗盛は投降します。なお、徳子は救出され、のちに出家して安徳天皇の菩提《ぼだい》をとむらいながら余生を送りました。

かくして平家は滅びました。三種の神器のうち八咫鏡《やたのかがみ》、八尺瓊勾玉《やさかにのまがたま》は回収されたものの、草薙剣だけは見つかりませんでした。最終的に1210（承元《じょうげん》4）年に伊勢神宮から贈られた剣を新たな草薙剣としています。ただ、水没した剣も伊勢神宮から贈られた新しい剣も形代《かたしろ》（儀式用の複製品）だったともいわれています。

後白河法皇としては、三種の神器をすべて回収し、存命の安徳天皇から後鳥羽天皇に皇位をゆずる儀式を行うことを望んでいましたが、草薙剣と安徳天皇が失われたことで、その願いは果たされなくなりました。

頼朝による最後の仕上げ

義経は平家打倒の立役者でしたが、戦後は頼朝に冷遇されます。壇ノ浦の戦いののち義経は宗盛を連れて鎌倉へと向かいますが、頼朝の命令で鎌倉入りを拒否されます。その理由は諸説あり、屋島の戦いでの独断専行、屋島の戦いのあと頼朝の同意を得ずに後白河法皇に令外官の検非違使《けびいし》と官職の左衛門少尉《さえもんのしょうじょう》（検非違使と衛府《えふ》の尉を兼ねる＝判官《ほうがん》。六位《ろくい》に相当）に任じられたこと、壇ノ浦の戦いで草薙剣と安徳天皇を失ったことなどです。

義経は頼朝との面会を望みますが相手にされず、１１８５（元暦２）年6月に都へもどります。その後、頼朝は義経の所領を没収したり、叔父である行家の追討の命令を発します。もはや兄との対決やむなしと考えた義経は行家と手を組みます。

この時点では、後白河法皇は頼朝より義経に好意的でした。都にくるよう求めても応じない頼朝を警戒していたのかもしれません。義経は１１８５年10月に法皇から頼朝を討伐せよという旨《むね》の院宣を得ます。ところが、頼朝は平家のように各地の武士に敵視されておらず、義経に従う者は集まりません。しかも頼朝が義経を討ち取るべく兵を起こすと、法皇は態度を一変させて義経を討伐せよという旨の院宣を頼朝に与えます。

一転して逆賊となった義経と行家は逃亡し、行家は和泉国《いずみ》（現在の大阪府南西部）で頼朝の配下に捕らえられて殺害されました。義経は奥州藤原氏のもとへ落ちのび、当主の秀衡にかくまわれます。そのうち、義経が奥州にいることが頼朝に知られ、引き渡しを迫られますが、秀衡はこれを拒《こば》みます。平家が滅亡した直後こそ頼朝と秀衡は敵対関係にありませんでしたが、頼朝が寿永二年十月宣旨で東国の実質的な支配権を得たことを口実に、奥州の内政や朝廷との関係について介入を強めており、武勇で名高い義経を手元に置いておきたかったのかもしれません。

両者の関係が悪化するなか、秀衡は1187（文治3）年に死去し、後継ぎの泰衡《やすひら》に遺言を残します。その内容は『玉葉』によれば「義経を奥州の主とし、攻めてくるであろう頼朝に協力してあたるよう」、『吾妻鏡』では「義経を大将軍として奥州の政務を行うよう」であったとされます。この予感は現実のものとなり、秀衡の死後、今度は義経を追討《ついとう》せよという旨の院宣が発せられます。

1189（文治5）年閏4月、頼朝の要請に屈した泰衡は、義経が拠点としていた衣《ころも》川館《がわのたて》を急襲します（衣川の戦い）。圧倒的な敵兵の前に義経は自害しました。泰衡は鎌倉に義経の首を送りましたが、頼朝は「泰衡は義経と同罪である」として、後白河法皇に強く働きかけて今度は奥州藤原氏を討伐せよという旨の院宣を得ます。頼朝はみずから総大将となり、一説によれば28万ともいわれる大軍勢を率いて、同年7月に太平洋側、内陸、日本海側の3方向から奥州への進軍を開始します。

この大軍勢を前に奥州藤原氏側は抵抗らしい抵抗ができず、泰衡は北へと逃れます。8月には源氏の軍勢が平泉を占拠しました。泰衡はその後、郎党の河田次郎《かわだのじろう》がいる贄柵《にえのさく》（現在の秋田県大館市《おおだてし》）まで落ちのびますが、次郎に殺害されます。その次郎も泰衡の首級を頼朝に差し出した際、不忠者として斬り捨てられます。9月には合戦は終わり、奥州藤原氏は滅び、奥州にも源氏の影響力が広がりました。

このときの合戦によって平泉館《ひらいずみのたち》や無量光院《むりょうこういん》などの建物の大部分は焼失しました。1988（昭和63）年からの本格的な調査によって、平泉館の堀や建物や庭園の跡《あと》、大量の輸入品の陶磁器などが発見され、その規模は多くの人々をおどろかせました。

義経と判官びいき

奥州合戦は、いわば頼朝の私闘でした。義経が自害した時点で奥州へ侵攻する大義名分はなく、後白河法皇は当初、頼朝に奥州藤原氏を討伐せよという旨の院宣を与えようとしませんでした。それでも頼朝が奥州の制圧にこだわったのは、祖先の源頼義・義家《よしいえ》の親子が前九年合戦で、奥州の有力者だった安倍氏を倒した行為を再現することで、自身の権威づけをはかるイメージ戦略があったと考えられています。

こうした知略家の頼朝に対し、義経は合戦に強かったものの、政治的な手続きや決まりごとを無視する面がありました。壇ノ浦の戦いの終盤では、操船を妨害《ぼうがい》するため、当時の武士の通例を破って船頭や水夫《かこ》も攻撃しています。ただし、都落ちの際に町に火を放った平家や、源義仲の軍勢のように都の人々に被害を与えておらず、平安京の住人や貴族には好かれていました。

平家打倒の立役者にもかかわらず兄の頼朝の命令によって命を絶たれたことから、後世において義経は〝悲劇的ヒーロー〟という評価が定着し、『勧進帳《かんじんちょう》』や『義経千本《せんぼん》桜《ざくら》』など、義経を題材とする歌舞伎《かぶき》や浄瑠璃《じょうるり》の演目が後世においてつくられました。また、不遇《ふぐう》な人物などに同情して肩入れすることを意味する「判官贔屓《ほうがんびいき》」は、義経が検非違使の判官（四つに分かれる検非違使の等級のうち上から3番目の官職）に就いていたことに由来します。

のちに日本では、「義経は生きのびて大陸に渡り、モンゴル帝国の祖であるチンギス・ハーンになった」という伝説が生まれましたが、学問的な裏づけはありません。

鎌倉幕府はいつ成立したのか

奥州合戦の翌年、頼朝は1190（建久元《けんきゅう》）年に都に入ると、後白河法皇から権大納言と、令外官《りょうげのかん》で武官の最高位にあたる右近衛大将《うこんえのだいしょう》（宮中の警護などを司る右近衛府の長官）に任命されます。しかし、わずか数日でこれらを辞してしまいます。頼朝は任官を誇りとしながらも、「あくまでも東国の武家である」と自認しており、高位の官職を欲していたわけではないとも考えられています。実際、朝廷や貴族社会でこそ官職は強い権威を持ちますが、頼朝が地盤としていた関東ではそこまでの意味をなしません。

平清盛や源義仲などと、つかず離れずの関係で巧みに保身をはかってきた後白河法皇は1192（建久3）年に66年の生涯を終えました。法皇の死後、頼朝は朝廷から征夷大将軍に任命されます。この時期、頼朝は「大将軍」という地位を欲しており、朝廷はそれに応えるかたちで、いくつかあった候補のなかから征夷大将軍を選び、任官したのです。こうして望みどおり、頼朝は大将軍という地位に就くことができ、朝廷と良好な関係を築けていたといえます。

この翌年、頼朝は謀反《むほん》をたくらんでいるという疑いを弟の範頼にかけ、伊豆国の寺院（現在の修禅寺《しゅぜんじ》）に追放しました。ほどなく範頼は殺害され、もはや一族内で頼朝の地位をおびやかす者はいなくなりました。

さて、長らく日本の歴史の教科書では、頼朝が征夷大将軍に就任した「1192年」に鎌倉幕府が成立し、本格的な武家社会がスタートしたと記述されていました。しかし、2000年代以降はこれとは異なる説が示されています。幕府とは本来、軍の本陣を指します。単に、頼朝が鎌倉に拠点を置くようになった時期であれば、治承・寿永の乱が始まった1180（治承4）年となります。1183（寿永2）年の寿永二年十月宣旨によって、頼朝は東国の警察権と徴税権を得ました。これをもって朝廷から半ば独立した政権が関東に確立したとみなすこともできます。

翌1184（元暦元）年には、文書管理を行う公文所、事務処理を行う問注所などが鎌倉で設置されました。よって、この年から単なる軍の本陣ではなく、政務を行う機関が築かれたと解釈することもできます。

　続いて１１８５（文治元）年には、頼朝が義経を探し出して捕らえる名目のもとで各地に惣追捕使《そうついぶし》や国地頭《くにじとう》（のちに守護に統一）・地頭を設置する権利を得ました。これにより頼朝は西国も含めた各地の警察権と徴税権、地方統治の実務を担《にな》う在庁官人の管理権を手にします。

　このように、明確な幕府の成立年はないものの、少しずつ段階的に整備されてきた幕府の組織と権限が、１１８５年におおむね確立されたとみなされています。

　ここで留意すべきなのは、鎌倉幕府の成立後も朝廷は律令制にもとづく政務を

◉鎌倉幕府の初期の統治機構

将軍

- **侍所**（御家人の統率、軍事、警察）
- **公文所**（幕府の一般政務と財政）
- **問注所**（訴訟・裁判処理）

執権

- **京都守護**（京都の治安維持、御家人の統率）
- **奥州総奉行**（奥州の御家人の統率、幕府の訴訟・取り次ぎ）
- **鎮西《ちんぜい》奉行**（九州の御家人統率、九州の治安維持）
- **守護**（各国の軍事・警察権）
- **地頭**（土地の管理、治安維持、年貢の徴収）

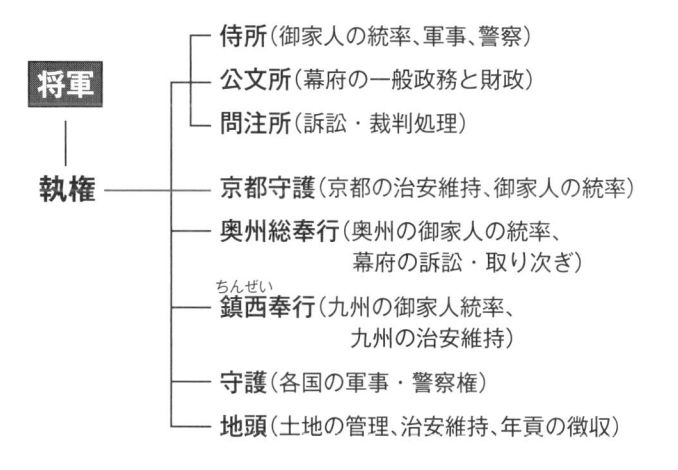

続けており、朝廷と幕府の権力が同時に並び立っていたということです。鎌倉幕府はあくまでも朝廷の下にありつつ、半ば独立した関東武士の地方政庁のような存在であり、そもそも頼朝自身は〝鎌倉幕府の成立〟に関する宣言をしていません。朝廷を無視することはできるはずもなく、頼朝は征夷大将軍に就任したのち、娘の大姫を後鳥羽天皇に嫁《とつ》がせて、天皇の外戚《がいせき》となることで鎌倉幕府の安定をはかろうとしましたが、交渉がうまくいかないまま大姫が没したので思惑は実現しませんでした。

数々の戦いを経て武家政権を確立させた頼朝は、1199（建久10）年に没します。本来、全国の武士を統率する〝武家の棟梁《とうりょう》〟という役割と、蝦夷の討伐を指揮する役職の征夷大将軍は別物ですが、頼朝がこの地位に就いたことから、後世には「征夷大将軍＝武家の棟梁」という解釈が定着します。

都であり続けた平安京

頼朝の死後、息子の頼家《よりいえ》が20歳で新たな征夷大将軍となりますが、独断的な政策を取ろうとして御家人たちと衝突しました。このため、頼朝の妻であった北条政子とその父である時政は、13人の有力御家人による合議体制を築きます。やがて、有力御家人同士の抗争を経て、北条氏が将軍を補佐する執権として幕府の主導権を握ります。この過程で頼家は実権を失って追放されたのちに殺害され、後を継いだ弟の実朝《さねとも》は、その頼家の子である公暁《くぎょう》（実朝の養子でもあった）に、1219（建保《けんぽう》7）年に暗殺されました。

頼朝直系の血筋は3代で断絶しますが、北条氏は都から頼朝の遠縁にあたる藤原（九条）頼経《よりつね》を迎え、頼家の娘である竹御所《たけのごしょ》と婚姻《こんいん》させ、新たな将軍としました。以降の将軍はほぼ名目だけの存在となります。

この段階では幕府よりも朝廷の権威が上回っていました。そのようななか、後鳥羽上皇が将軍の後継人事をめぐって幕府と対立し、1221（承久《じょうきゅう》3）年、北条氏の打倒を唱えて承久の乱が起こります。ところが、上皇方に従う武士は少なく、幕府軍が勝利して上皇は流刑となりました。日本の歴史上、朝廷のトップが臣下に敗れて処罰されたのはこれが初めてです。以降、幕府が朝廷の介入を受けることはなくなります。

とはいえ、日本全体の支配権が朝廷から幕府に移ったわけではありません。以降も長く、朝廷と貴族、幕府と各地の武士、多くの所領を持つ寺社が並び立つ多重権力体制が続きます。16世紀末に豊臣秀吉が全国を統一し、さらに江戸幕府が成立すると、ようやく全国的な支配体制が確立されます。それでも、明治維新によって武家政権が解体されるまで、武士の正式な官職への任免《にんめん》は朝廷が行っていました。

このため、鎌倉時代以降に武家社会が確立されたのちも、1869（明治2）年に東京へ遷都されるまで1000年以上の長きにわたって、多くの日本人にとって天皇のいる京都（平安京）が日本の中心として認識されてきました。

都が東京に移り、西洋諸国をモデルにした政治体制が導入されても、平安時代に定着した習慣は残りました。天皇家は即位の礼などの儀式では、平安時代と同じような衣冠《いかん》束帯《そくたい》を着用しています。政府の要職の「大臣」という呼称、律令制のもとで確立された「省」といった政庁の名称、位階制度は現在も使われています。

そうした制度だけでなく、京都の町並みや神社仏閣、和歌や『源氏物語』『枕草子』ほかの平安文学、能楽や歌舞伎の題材となった平家の一族や源義経の物語などは時代を超えて人々に親しまれており、平安時代の文化は今もなお日本に根づいているのです。

平安時代の偉人⑥

源義経に愛された舞女

静御前

Shizukagozen

12世紀後半〜13世紀前半

敵地であっても堂々と舞う

源義経に愛された静御前は、男装した女性が舞う白拍子《しらびょうし》の舞女《ぶじょ》でした。母親の磯禅師《いそのぜんじ》は白拍子の祖といわれ、後白河法皇に仕えた信西《しんぜい》を通じ、貴族などの間で母とともに舞いの腕前を高く評価され、平家が滅亡する前後に義経と出会ったと推測されています。

義経が兄の頼朝と対立すると、義経とともに西国に向かおうとしましたが、静御前の身を案じた義経が都に帰しましたが、その道中で捕らえられて鎌倉へ送られます。

当時、武士の棟梁だった頼朝から鶴岡八幡宮で舞うよう命じられると、義経への恋心を歌いながら堂々と舞ってみせます。これに頼朝は怒ったものの、北条政子ら同席した人々は感心したといいます。その後、義経の子を産みましたが、その子は頼朝の命令で殺害されました。

以降の消息は不明で、都に帰ったとも、義経が討たれた直後に後を追って命を絶ったともいわれます。

年表

「平安時代のできごと」と「世界のできごと」を合わせて見られる年表です。

年	平安時代のできごと	世界のできごと
794	平安京へ遷都	
802	坂上田村麻呂が胆沢城を築く	カールがローマ皇帝の冠を授かる（800）
804	最澄と空海が唐へ渡る	
810	薬子の変が起こる	
816	金剛峯寺の伽藍が建立される	
838	最後となる遣唐使が派遣される	ウェセックス王がイングランド統一（829）
842	承和の変が起こる	ヴェルダン条約が締結（843）
866	応天門の変が起こる	
	藤原良房が皇族以外で初めて摂政となる	メルセン条約が締結（870）
887	阿衡の紛議が起こる	黄巣の乱が勃発（875）
888	藤原基経が初めての関白となる	キエフ公国が成立（882）

901	昌泰の変が起こる	
	『日本三代実録』が成立する	
902	延喜の荘園整理令が発せられる	唐が滅亡（907）
905	『古今和歌集』が成立する（成立年は諸説あり）	ファーティマ朝が成立（909）
930	清涼殿落雷事件が発生する	中国大陸の北に遼が成立（916）
939	平将門の乱が起こる（～940）	高麗が朝鮮半島を統一（935）
	藤原純友の乱が起こる（～941）	呉朝〈ベトナム〉が成立（939）
969	安和の変が起こる	オットー1世がローマ皇帝の冠を授かる（962）
995	藤原道長が氏長者となり権力を握る	宋が中国大陸を統一（979）
996	長徳の変が起こる	
11世紀初頭	『枕草子』が成立する（成立年は諸説あり）	ハンガリー王国が成立（1000）
	『源氏物語』が成立する	李朝〈ベトナム〉が成立（1009）
1019	刀伊の入寇が起こる	クヌーズがイングランド王に即位（1016）
1028	平忠常の乱が起こる	後ウマイヤ朝が滅亡（1031）

年	平安時代のできごと	世界のできごと
1132	平忠盛が武士で初めて内裏への昇殿が許される	セルジューク朝が成立（1038）
1051	前九年合戦が起こる（〜1062）	東西の教会が分離（1054）
1052	仏教における末法の時代に突入する	ノルマンディー公がイングランド制圧（1066）
	平等院が建立される（翌年に鳳凰堂を建立）	王安石による改革が開始（1070）
1072	宣旨枡が導入される	カノッサ事件が発生（1077）
1083	後三年合戦が起こる（〜1087）	エルサレム王国が成立（1099）
1086	白河上皇により院政が始まる	中国大陸の北に金が成立（1115）
1107	源義親の乱が起こる（〜1108）	宋が南方で再興（1127）
1156	保元の乱が起こる	ポルトガル王国が成立（1143）
1159	平治の乱が起こる	プランタジネット朝が成立（1154）
1167	平清盛が武士として初めて太政大臣となる	サラディンが建国（1169）
1177	鹿ヶ谷事件が発生する	ピサの斜塔が着工（1173）
1179	治承三年政変が起こる	朱子が『近思録』を刊行（1176）

1180	以仁王が挙兵する	フィリップ2世が即位（1180）
	福原京へ遷都（同年のうちに平安京へ還幸）	
	石橋山の戦いが勃発する	アンコール・トムを再興（1181）
	富士川の戦いが勃発する	
1183	倶利伽羅峠の戦いが勃発する	ノートルダム寺院の祭壇が完成（1182）
	平家が都落ちする	
1184	宇治川の戦いが勃発する	
	一ノ谷の戦いが勃発する	
1185	源頼朝が公文所・問注所を設置する	アンゲロス朝が成立（1185）
	屋島の戦いが勃発する	第二次ブルガリア帝国が成立（1185）
	壇ノ浦の戦いにより平家が滅亡する	ガズナ朝が滅亡（1186）
	源頼朝が国地頭や地頭を設置する権利を得る	サラディンがエルサレムを獲得（1187）
1189	衣川の戦いにより源義経が討たれる	リチャード1世が即位（1189）
	奥州合戦により奥州藤原氏が滅亡する	第3回十字軍運動が開始（1189）

主な参考文献

『日本古代の歴史４ 平安京の時代』佐々木恵介（吉川弘文館）

『日本古代の歴史５ 摂関政治と地方社会』坂上康俊（吉川弘文館）

『大学の日本史１ 古代』佐藤信 編（山川出版社）

『詳説日本史研究』佐藤信・五味文彦・高埜利彦・鳥海靖 編（山川出版社）

『詳説日本史図録 第７版』詳説日本史図録編集委員会（山川出版社）

『もういちど読みとおす 山川 新日本史 上』大津透・久留島典子・藤田覚・伊藤之雄（山川出版社）

『日本の対外関係２ 律令国家と東アジア』荒野泰典・石井正敏・村井章介 編（吉川弘文館）

『平安京はいらなかった』桃崎有一郎（吉川弘文館）

『平安京遷都』川尻秋生（岩波新書）

『日本伝奇伝説大事典』（角川書店）

『平安京の下級官人』倉本一宏（講談社現代新書）

『藤原道長の日常生活』倉本一宏（講談社現代新書）

『藤原道長の権力と欲望「御堂関白記」を読む』倉本一宏（文春新書）

『京のまちなみ史』丸山俊明（昭和堂）

『枕草子のたくらみ』山本淳子（朝日新聞出版）

『院政』美川圭（中央公論新社）

『白河法皇 中世をひらいた帝王』美川圭（ＮＨＫ出版）

『日本中世の歴史２ 院政と武士の登場』福島正樹（吉川弘文館）

『図説 平清盛』樋口州男・鈴木彰・錦昭江・野口華世（河出書房新社）

『権勢の政治家 平清盛』安田元久（清水書院）

『平氏が語る源平争乱』永井晋（吉川弘文館）

『京都の中世史2 平氏政権と源平争乱』元木泰雄・佐伯智広・横内裕人（吉川弘文館）

『戦争の日本史（６）源平の争乱』上杉和彦（吉川弘文館）

『敗者の日本史（５）治承・寿永の内乱と平氏』元木泰雄（吉川弘文館）

［監修］ 大石学（おおいし　まなぶ）

1953年、東京都生まれ。東京学芸大学名誉教授。NHK 大河ドラマ『新選組！』『篤姫』『龍馬伝』『八重の桜』『花燃ゆ』『西郷どん』等の時代考証を担当。2009年、時代考証学会を設立、同会会長を務める。

［協力］ 上村正裕（東洋大学文学部非常勤講師）

編集・構成 / 造事務所
ブックデザイン / 井上祥邦 (yockdesign)
文 / 明石 白、佐藤賢二
イラスト / 原田弘和

世界のなかの日本の歴史
一冊でわかる平安時代

2023年10月20日　初版印刷
2023年10月30日　初版発行

監　修　　大石学

発行者　　小野寺優
発行所　　株式会社河出書房新社
〒151-0051
東京都渋谷区千駄ヶ谷2-32-2
電話03-3404-1201（営業）
03-3404-8611（編集）
https://www.kawade.co.jp/
組　版　　株式会社造事務所
印刷・製本　TOPPAN 株式会社

Printed in Japan
ISBN978-4-309-72206-1

この時代にも注目！

世界のなかの日本の歴史
一冊でわかる
鎌倉時代
【監修】大石学
河出書房新社

世界のなかの日本の歴史
一冊でわかる
室町時代
【監修】大石学
河出書房新社

世界のなかの日本の歴史
一冊でわかる
戦国時代
【監修】大石学
河出書房新社

世界のなかの日本の歴史
一冊でわかる
江戸時代
【監修】大石学
河出書房新社

世界のなかの日本の歴史
一冊でわかる
幕末
【監修】大石学
河出書房新社